# TOEIC® LISTENING AND READING TEST 千本ノック!

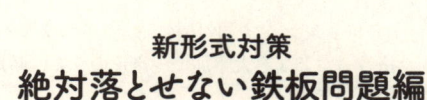

### 新形式対策
## 絶対落とせない鉄板問題編

中村澄子

本書は、『1日1分レッスン！ 新 TOEIC® Test 千本ノック！ 1〜6』
（小社刊）より、抜粋した問題を大幅加筆・修正のうえ、新規の問題を
加えて1冊にしたものです。

# はじめに

　『1日1分レッスン！新 TOEIC TEST　千本ノック！』シリーズを出して9年目。10年前のテスト改変以前に、緑本として親しまれていた『1日1分レッスン　TOEIC Test』として3冊出していますので、同シリーズを書き始めて今年で12年目になります。昨年出した最新作からはタイトルを『新 TOEIC TEST　中村澄子の千本ノック！』と改め、表紙のデザインも変えて心機一転をはかりました。

　その矢先、テスト実行委員会より TOEIC テストの大幅改変が発表されました。秋には TOEIC テスト関連の出版物のタイトルには「TOEIC LISTENING AND READING TEST」という表記を使うようにとの指示がありましたので、本シリーズも今回よりタイトルが大きく変わります。

　今年2016年5月よりテスト内容の大改編があり、本書で取り扱っているパート5が40問から30問に減り、パート6は12問から16問に増えました。パート6は文挿入問題を除けばパート5とほぼ同じなので、本書で取り扱うパート5＆6でリーディングセクション100問中46問ということになります。パート5＆6では語彙＆熟語問題が全体の4割〜4割半を占めます。ですので、語彙や熟語もマスターしておかなければならないということを理解しておきましょう。

改変によりリスニングセクションもリーディングセクションも難しくなり、ノウハウだけ、付け焼き刃的な学習だけでは700点以上を出しにくいテストにはなりましたが、将来仕事で英語を使うという方にとってはいい内容のテストになりました。私の感想としては、リスニングセクションはよりカジュアルな英語に、リーディングセクションはよりフォーマルでよりビジネス寄りの英語になったと思います。パート5のビジネス寄りの語彙問題では、難しい問題も出題されていますが、会計やマーケティングなどに関するものも多く、仕事で使っている人にとっては難しくはありません。初めて出る語彙も少なくなく、どの単語本を使っても、（今後も）すべてが網羅されているわけではないと自覚することも大事です。

　リーディングセクションではパート7の問題数が増えました。問題数が増えただけでなく読まなければならない英文の量が格段に増え、800点台取得者であっても最後まで解き切れている受験者は半分もいないと思います。元々『千本ノック！』は、パート7を読む力が不足している人が少し長めの複文を頭から読む練習ができるように、実際のテストに比べ1文を長く作成しています。ですので、パート5を解く練習に使うだけではなく、英文を頭から速く読む練習にもお使いください。

今回は改変の節目ということもあり、レベル別に3冊同時に出版することになりました。

　**本書は、現在500点前後、あるいはそれ以下の方向けに、パート5で毎回8問前後出題される品詞問題他、鉄板問題だけを扱いました。**比較的簡単な問題が多いですが、解き方をマスターしておけばそれらの問題を落とさずに済みます。

　**本書と2冊目の『TOEIC® LISTENING AND READING TEST　千本ノック！　新形式対策　解ければ差がつく良問編』に掲載したパート5の問題の約8割は、過去に『千本ノック！1〜6』に掲載の問題です。**しかし、今回の出版にあたり解説をよりわかりやすく詳しく書き直すなどかなり手を入れました。3冊目の『TOEIC® LISTENING AND READING TEST　千本ノック！難問・ひっかけ・トリック問題編』に掲載の問題はすべて新しい問題で、かつ最近出題された難しめの語彙問題を半分以上入れています。ご自分の目標に合わせてこれら3冊を使い分けてください。

　本書が皆様のお役に立つものと信じております。

中村澄子

# Contents

はじめに …3
この本の使い方 …8

### Lesson 1 …9
まずは
サクッと！
**20**問

### Lesson 2 …51
モチベーションで
乗り越えて！
**20**問

### Lesson 3 …93
そろそろ
慣れた？
**20**問

### Lesson 4 …135
ぐんぐん力が
ついてきた！
**20**問

Lesson **5**…177

## ゴールは近い！ **20**問

Lesson **6**…219

## Part 6 攻略のための **16**問

Lesson **7**…251

## 受験生体験記 **6**人

INDEX…270

音声ダウンロードについて…279

編集協力　霜村和久

ブックデザイン　井上篤

本書では、単語の発音記号は『ジーニアス英和辞典』（大修館書店）を参考にしています。

# この本の使い方

### 奇数（右）ページ

既刊本『千本ノック！』シリーズの1〜6巻から厳選した良問を中心に、本書のために新たに作成した問題を追加したパート5対策の計100問。絶対落とせない問題が次々と出てくる、TOEICの「千本ノック！」です。最後までついてきてください。

単語の意味……おさえておきたい重要単語に、
　　　　　　　発音記号と和訳がついています。
チェック欄……できたら○、できなかったら×をつけましょう。
　　　　　　　繰り返し学習に便利です。
NEW………… 本書のために新たに作成された問題に、
　　　　　　　印をつけました。

### 偶数（左）ページ

解説……………間違えやすいポイントやTOEICのトリックについて、
　　　　　　　詳しく説明しています。文法知識の整理に最適です。
問題文の訳……標準的な日本語訳を示しています。
ポイント………各問題の重要ポイントを、「この問題のポイント」
　　　　　　　題して短くまとめています。知識の整理に最適です。

### 長文対策問題

Lesson6は、すべて本書のために作成されたパート6対策の長文問題です。1文挿入問題が増えるなど、新しい出題形式に対応しています。例文（問題文・選択肢）、和訳のあとに各解説が続きます。

### 受験生学習体験コラム

Lesson7は、実際に、スコアを上げたさまざまな教室生の体験記です！学習方法や、勉強時間の作り方など参考になること間違いなし！

### 索引

巻末にあります。チェック欄付きなので、試験直前の総整理などに便利です！頻出語句がよくわかる！

TOEIC® LISTENING
AND READING TEST

Lesson
1

まずはサクッと！

# 20問

# 第 1 問

**次の選択肢の中から正しいものを選びなさい。**

The ( ) about how to improve safety standards in manufacturing facilities was considered to be a great success.

- (A) presenter
- (B) presented
- (C) presenting
- (D) presentation

---

### 単語の意味

**improve** [imprú:v]・・・・・・・・・・・・・・・・・・・改善する、改良する
**manufacturing facility**・・・・・・・・製造設備、製造工場
**consider** [kənsídər]・・・・・・・・・・・・・・〜と考える、〜とみなす

答え　(D) presentation

### 解説

**名詞の問題**です。

選択肢に似た形の単語が並んでいるので、品詞の問題かもしれないと考えます。品詞の問題の場合、空欄前後が重要になります。

**空欄の前が冠詞の The で、空欄直後が前置詞の about です。冠詞と前置詞の間に入るのは名詞です。** 名詞は (A)presenter「発表者」と (D)presentation「発表」です。

どちらが正解かは空欄前後だけでなく、さらに少し先まで読んで意味を考え、判断します。

「製造設備の安全基準を改善する方法に関する~」と言っているので「~」部分に入れて文意が通るのは (D)の **presentation** だとわかります。

この問題は空欄前に冠詞の the が置かれていますが、冠詞 a/an と前置詞の間に名詞を入れる問題として出題されることもあります。

また、名詞を選ばせる問題では、この問題のように選択肢に2つ以上の名詞がある場合が少なくないので、名詞が1つ見つかっても、他にも名詞がないかをチェックしましょう。

### 問題文の訳

製造設備の安全基準を改善する方法に関する発表は大成功だったとみなされました。

### この問題のポイント

冠詞と前置詞の間には名詞が入ります。

## 第2問 NEW

Lesson1 まずはサクッと！20問 12-13

できたら…○
できなかったら…×

**次の選択肢の中から正しいものを選びなさい。**

Please (　　) a secure line that has been set up and tested by our in-house IT department in order to reduce the risk of data leaks.

- (A) use
- (B) uses
- (C) using
- (D) used

---

### 単語の意味

| | |
|---|---|
| **secure line** | 安全にネット接続できる回線、セキュアライン |
| **set up** | 設ける、開設する |
| **in-house** | 社内の |
| **in order to ～** | ～するために |
| **reduce** [rid(j)úːs] | 減らす、削減する |
| **data leak** | データ漏えい |

### 答え　(A) use

#### 解説

**動詞の形を問う問題**です。
空欄前に Please が置かれているので、please で始まる命令文ではないかと推測します。

**命令文であれば、please の後ろには動詞の原形が続くので、(A)の use が正解**だとわかります。
命令文の語調を少し和らげる場合に please をつけますが、please のつかない命令文も出題されています。出題ポイントはこの問題と同様、動詞が原形であることです。

please をつければ丁寧になる、と思い込んでいる人が多いのですが、please がついても命令文には変わりないので、仕事では、Could you ～? や Could you please ～?、Would you mind ...ing ? などを使うようにしましょう。

#### 問題文の訳

データ漏えいのリスクを軽減するために、社内の IT 部門で開設、検証されたセキュアラインをお使いください。

---

**この問題のポイント**　命令文は動詞の原形で始めるか、please の後ろに動詞の原形を置きます。

# 第3問

Lesson1 まずはサクッと！20問 14-15

できたら…○
できなかったら…×

**次の選択肢の中から正しいものを選びなさい。**

The contract commits the company to deliver the goods (　) two weeks.

- (A) on
- (B) beyond
- (C) during
- (D) within

---

### 単語の意味

**contract** [kántrækt]……………契約、契約書
**commit** [kəmít]…………………約束する、確約する
**goods** [gúdz]……………………商品、品物

**答え** (D) within

### 解説

**前置詞の問題**です。

選択肢には前置詞が並んでいるので、適切な前置詞を選べばいいとわかります。

「契約書は商品を2週間〜配送するとその会社に確約させている」という意味の英文の「〜」部分に、どの前置詞を入れれば英文の意味が通るかを考えます。
**「〜以内に」という意味の**(D)の <u>within</u> であれば、文意が通ります。

前置詞の問題は、毎回数問出題されます。空欄前後をチェックするだけで解ける問題もありますが、もう少し広い範囲を読んで、その意味を考えなければ解けない問題もあります。

### 問題文の訳

契約によって、その会社は2週間以内に商品を配送すると約束しています。

---

**この問題のポイント**　前置詞の within には「〜以内に、〜の中に、〜の範囲で」などの意味があります。

# 第4問

Lesson1 まずはサクッと！20問 16-17

できたら…○
できなかったら…×

次の選択肢の中から正しいものを選びなさい。

The bank hired him because he was (　　) in the languages of several eastern European countries.

   (A) proficiently
   (B) proficient
   (C) proficiency
   (D) proficientness

---

### 単語の意味

**hire** [háiər]・・・・・・・・・・・・・・・雇用する、雇う
**language** [læŋgwidʒ]・・・・・・・・言語、言葉

### 答え (B) proficient

### 解説

**形容詞の問題**です。

選択肢の形が似ているので、品詞の問題かもしれないと考えます。品詞の問題の場合、空欄前後が重要になります。

空欄前が be 動詞の was で、空欄後は in と前置詞です。
be 動詞の後ろには名詞か形容詞が続きます。名詞の (C) proficiency「熟達」が正解であれば、he = proficiency にならなければならず、ここでは不適切です。**状態を表わす形容詞の (B) proficient「堪能な、熟達した」**であれば文意が通ります。

語尾が -t で終わる単語は、形容詞であることが多いです。

### 問題文の訳

彼は東ヨーロッパ数カ国で使われている言語に堪能だったので、その銀行は彼を雇いました。

---

**この問題のポイント**

be 動詞の後ろには形容詞が続きます。

# 第5問

**次の選択肢の中から正しいものを選びなさい。**

The merchandise was sent directly to (　　) in Hong Kong after she gave us her credit card number on the telephone.

(A) herself
(B) her
(C) she
(D) hers

---

### 単語の意味

**merchandise** [mə́ːrtʃəndàiz] ···· 商品、製品
**directly** [dəréktli] ················ 直接に、ただちに

### 答え (B) her

#### 解説

**代名詞の問題**です。

選択肢には she「彼女」のさまざまな格を表わす代名詞が並んでいるので、代名詞の格を問う問題だとわかります。

文頭から空欄までの意味は「商品が彼女に直接送られた」となるのではないかと想像できるはずです。
**「彼女に」にあたる she の目的格である her が正解**です。

代名詞の問題は毎回数問出題されます。中でも代名詞の格を問う問題の出題は多いです。

#### 問題文の訳

彼女が電話でクレジットカードの番号を当社に伝えた後に、商品は香港にいる彼女のもとに直接送られました。

---

この問題のポイント　「彼女に」にあたる代名詞 she の目的格は her です。

# 第6問

Lesson1 まずはサクッと！20問 20-21

できたら…○
できなかったら…×

次の選択肢の中から正しいものを選びなさい。

The tenant must completely (　　) the premises before the end of the month because of failure to meet rental deadlines.

(A) vacating
(B) vacated
(C) vacate
(D) vacant

---

### 単語の意味

**tenant** [ténənt]……………………借家人、賃借人
**completely** [kəmplí:tli]…………完全に、すっかり
**premises** [prémisɪz]………………建物、敷地
**failure** [féiljər]……………………～しないこと、不履行

### 答え (C) vacate

### 解説

**動詞の形を問う問題です。**

**助動詞の後ろには動詞の原形が続きます。** したがって(C)の **vacate「あける、立ち退く」**が正解です。

この英文では助動詞と空欄の間に副詞の completely が入っているため、問題のポイントに気づかない人もいます。ヒントとなる助動詞には must の他にも、can、may、should などさまざまな語が使われます。

問題のポイントをわかりにくくさせるために、この問題のように助動詞と動詞の間に副詞や、not や never などを置いている場合も多いです。問題のポイントにさえ気がつけば簡単な問題です。

### 問題文の訳

そのテナントは賃料の支払期限を守らなかったので、月末前にその建物から完全に立ち退かなければなりません。

---

**この問題のポイント**　助動詞の後ろには動詞の原形が続きます。助動詞と空欄の間に副詞や、not や never が入って出題される場合もあります。

# 第7問

Lesson1 まずはサクッと！20問 22-23

できたら…○
できなかったら…×

**次の選択肢の中から正しいものを選びなさい。**

Due to increased sales, the board of directors decided to build a new factory in the Philippines (　　) the end of the year.

- (A) until
- (B) in
- (C) by
- (D) on

---

### 単語の意味

**increased** [inkrí:st] ……………… 増加した、増大した
**board of directors** …………… 取締役会
**factory** [fǽktəri] …………………… 工場

**答え** (C) by

### 解説

**前置詞の問題**です。

選択肢には前置詞が並んでいるので前置詞の問題だとわかります。

英文を読むと、「売上が増加したので、取締役会は年末〜フィリピンに新しい工場を建てることに決めた」という内容の英文にすればいいとわかります。したがって、空欄には「〜までに」にあたるものを選びます。

**「〜までに」と期限を表わす場合には by を使うため、正解は**(C)の **by** です。

期限を表わす by「〜までに」と、継続を表わす until「〜までずっと」を混同する人が多いので気をつけましょう。
また、in は「〜後に」という場合に、on は特定の日にちや曜日を表わす場合に使います。

前置詞の by、until 両方とも出題されます。使い方の違いを覚えましょう。

### 問題文の訳

売上が増加したので、取締役会は年末までにフィリピンに新しい工場を建てることに決めました。

---

**この問題のポイント**　「〜までに」と期限を表わす場合には by を使い、「〜までずっと」と継続を表わす場合には until を使います。

第8問 NEW

Lesson1 まずはサクッと！20問 24-25

できたら…○
できなかったら…×

**次の選択肢の中から正しいものを選びなさい。**

Online shoppers will receive a confirmation e-mail (　　) they place an order at TechTock's eStore.

- (A) because
- (B) when
- (C) even
- (D) until

---

### 単語の意味

**shopper** [ʃá:pər] ……………………… 買い物客
**confirmation** [kà:nfərméiʃən] … 確認、確認書
**place an order** ………………………注文する、発注する

**答え** (B) when

### 解説

**接続詞の問題**です。
**空欄の前後はどちらも節 [S(主語) + V(動詞)] です。**
**節と節を結ぶのは接続詞**なので副詞の even は選べません。
それぞれの節と節の意味のつながりを考えて、適切な接続詞を選びます。

空欄の前では「オンラインでの買い物客は確認メールを受け取ります」と、空欄以降では「テックトック社のイーストアーで注文する」と言っています。
この2つの節を結んで意味がつながるのは、**時を表わす接続詞である**(B)の **when**「~するときに、~すると」です。

「~するときに、~すると」という意味を表わす接続詞には、他に as があります。

### 問題文の訳

オンラインでの買い物客はテックトック社のイーストアーで注文すると確認メールを受け取ります。

---

**この問題のポイント**　when は「~するときに、~すると」という意味の接続詞です。

# 第9問

次の選択肢の中から正しいものを選びなさい。

Prices for consumer products have begun an inflationary rise, (　　) individual income levels remain the same.

(A) so
(B) because
(C) or
(D) but

---

### 単語の意味

**consumer product**……………消費財、消費者製品
**inflationary** [infléiʃənèri]………インフレの、インフレを誘発する
**individual income**……………個人所得

## 答え (D) but

### 解説

**接続詞の問題**です。
**コンマの前も空欄以降も節 [S(主語) + V(動詞)] です。節と節を結ぶのは接続詞です。**それぞれの節と節の意味のつながりを考えて、適切な接続詞を選びます。

コンマの前までで「消費財の価格がかなり上がり始めた」と言っており、コンマの後ろでは「個人所得のレベルは同じままだ」と言っています。

コンマの前後で相反する内容になっています。したがって**接続詞の but「しかし、けれども」**を選べばいいとわかります。

### 問題文の訳

消費財の価格が暴騰し始めましたが、個人の所得水準は以前と変わらないままです。

---

**この問題のポイント** 節と節を結ぶ場合には接続詞を使います。but は「しかし、けれども」という意味の接続詞です。

# 第10問

Lesson1 まずはサクッと！20問 28-29

できたら…○
できなかったら…×

**次の選択肢の中から正しいものを選びなさい。**

Increased sales do not necessarily (　　) profits because fixed costs, including rising personnel costs, are spiraling.

- (A) boosted
- (B) to boost
- (C) boosting
- (D) boost

---

### 単語の意味

**increased** [inkríːst]・・・・・・・・・・・・・・増加した、増大した
**not necessarily**・・・・・・・・・・・・・・・・・必ずしも〜でない
**profit** [práfət]・・・・・・・・・・・・・・・・・・・利益、収益
**fixed cost(s)**・・・・・・・・・・・・・・・・・・・・固定費
**personnel cost(s)**・・・・・・・・・・・・・・人件費
**spiral** [spáiərəl]・・・・・・・・・・・・・・・・・急上昇する

### 答え (D) boost

#### 解説

**動詞の形を問う問題**です。

この問題を解く際のポイントは、空欄の少し前にある do not です。

**現在形の一般動詞を否定するときには、do/does not を動詞の前につけますが、その際に動詞は原形を使います。** したがって動詞の原形である(D)の **boost** が正解です。

極めて簡単な問題ですが、TOEIC は時間のない中で解かなければならないので、空欄直前に置かれている副詞の necessarily に気を取られてしまうと迷ってしまいます。

#### 問題文の訳

高騰する人件費などの固定費が急上昇しているため、売上高の増加が必ずしも利益を押し上げるわけではありません。

---

**この問題のポイント** ── 現在形の一般動詞を否定するときには、「do/does not ＋動詞の原形」の形にします。

# 第11問

Lesson1 まずはサクッと！20問 30-31

できたら…○
できなかったら…×

次の選択肢の中から正しいものを選びなさい。

The newly purchased site for the headquarters must be prepared for ( ) beginning next month.

- (A) construct
- (B) constructed
- (C) constructing
- (D) construction

## 単語の意味

**purchase** [pə́ːrtʃəs] ……………… 買う、購入する
**site** [sáit] ……………………………… 用地、敷地、場所
**headquarters** [hédkwɔ̀ːrtərz] … 本社、本部
**be prepared for 〜** ……………… 〜に備える、〜の準備をする

### 答え　(D) construction

#### 解説

**名詞の問題**です。

選択肢に似た形の単語が並んでいるので、品詞の問題かもしれないと考えます。品詞の問題の場合、空欄前後が重要になります。

簡単な品詞の問題ですが、この問題を難しくしているのは、空欄前後の英文の構造です。<u>空欄直後の分詞の beginning が空欄に入る名詞を修飾していて「来月に始まる（　）」</u>という意味になることがわかります。

**名詞は**(D)**の** <u>construction</u> **だけです。**

英文の構造としては、**空欄前の for が前置詞なので後ろに名詞が続き、その名詞を現在分詞の beginning が後ろから修飾している**という形です。

#### 問題文の訳

本社ビル建設のために新たに購入した用地では、来月から建設に向けて準備が進められるはずです。

---

**この問題のポイント**　前置詞の後ろには名詞が続きます。さらに後ろにその名詞を修飾する現在分詞が続いています。

# 第12問 NEW

Lesson1 まずはサクッと！20問 32-33

できたら…○
できなかったら…×

次の選択肢の中から正しいものを選びなさい。

The first speaker must start (　) at 10 A.M. to ensure that all presenters can complete their talks before the lunch break.

(A) prompt
(B) promptness
(C) promptly
(D) prompting

---

### 単語の意味

**ensure** [inʃúər]……………………〜であることを確かにする、確実にする
**presenter** [prezéntər]……………発表者、プレゼンター
**complete** [kəmplíːt]………………〜を完了する、〜を終える

### 答え　(C) promptly

#### 解説

**副詞の問題です。**
選択肢の形が似ているので、品詞の問題かもしれない、と考えましょう。品詞の問題では空欄前後が重要になります。

**空欄前は動詞の start「始まる」です。動詞を修飾するのは副詞なので、副詞の(C) promptly「きっかりに、ちょうど、迅速に」が正解です。**

start が他動詞なら後ろに名詞が続きますが、この問題の場合、名詞である(B) promptness や(D) prompting を入れても意味が通りません。

promptly は「適切な意味の副詞を選ぶ問題」としても出題されることがあるため、意味も覚えておきましょう。
**副詞は、動詞、形容詞、副詞(副詞句)、文全体を修飾します。**

#### 問題文の訳

すべての発表者が確実に昼休み前に話を終えることができるように、最初の講演者は 10 時ちょうどに話し始めなければなりません。

---

この問題のポイント

動詞を修飾するのは副詞です。

# 第13問

Lesson1 まずはサクッと！20問 34-35

できたら…○
できなかったら…×

次の選択肢の中から正しいものを選びなさい。

(　　) numerous warnings by environmental groups, some countries still refuse to acknowledge the harmful effects of global warming.

(A) Now that
(B) Despite
(C) Due to
(D) If

---

### 単語の意味

**numerous** [nú:mərəs] ……………… 多くの
**warning** [wɔ́:rniŋ] ……………… 警告、注意
**environmental** [envàiərnméntl] … 環境の、環境保護の
**acknowledge** [əknálidʒ] ……………… 認める、認識する
**harmful** [há:rmfl] ……………………… 有害な
**effect** [ifékt] ……………………… 影響、効果

### 答え (B) Despite

#### 解説

**前置詞の問題**です。
選択肢には、接続詞、前置詞の働きをするさまざまな意味の語が混じっています。

まず、品詞の観点から考えます。
空欄の後ろは名詞句です。**後ろが名詞や名詞句の場合には、空欄には前置詞が入ります。** 選択肢の中で前置詞または前置詞の働きをする群前置詞は、(B) Despite と (C) Due to だけです。

次に意味を考えます。「~にもかかわらず」という意味の despite であれば文意が通りますが、「~のせいで」という意味の due to では文意が通りません。
**正解は** (B) の **Despite** です。

#### 問題文の訳

環境保護団体による幾多の警告にもかかわらず、地球温暖化の弊害をいまだに認めようとしない国々もあります。

---

**この問題のポイント** — despite は「~にもかかわらず」という意味の前置詞で、後ろには名詞か名詞句が続きます。

# 第14問

Lesson1 まずはサクッと！20問 36-37

できたら…○
できなかったら…×

**次の選択肢の中から正しいものを選びなさい。**

The production quota for next year will be sent to (　　) section within one week.

　　　　(A) you
　　　　(B) your
　　　　(C) yourself
　　　　(D) yours

---

### 単語の意味

**production** [prədʌ́kʃən] ············ 生産、製造
**quota** [kwóutə] ······················ 割当量、割当数

### 答え (B) your

#### 解説

**代名詞の問題**です。
選択肢には代名詞 you のさまざまな形が並んでいるので、代名詞の格を問う問題だとわかります。代名詞の格を問う問題では、空欄前後にヒントがある場合が多いです。

この英文の場合、**空欄の後ろに section という名詞があるので、代名詞の所有格である** (B) の **your** を入れれば正しい英文になるとわかります。

代名詞の問題は毎回 2 ～ 3 問出題されますが、大半がこの問題のように簡単な問題です。
空欄直後を見るだけでわかるので、0.5 秒で解けます。

#### 問題文の訳

来年の生産割当表は 1 週間以内にあなたのセクションに送付されるでしょう。

---

**この問題のポイント** 代名詞が名詞を修飾する場合には、所有格を使います。

# 第15問

Lesson1 まずはサクッと！20問 38-39

できたら…○
できなかったら…×

次の選択肢の中から正しいものを選びなさい。

Space Corporation provides affordable offices throughout the city that are fully (　　) by public transportation.

(A) access
(B) accessing
(C) accessible
(D) accession

---

### 単 語 の 意 味

**provide** [prəváid] ……………… 提供する、与える
**affordable** [əfɔ́:rdəbl] ………… 手ごろな価格の、購入しやすい
**throughout** [θru(:)áut] ………… 〜の間中、〜の至るところに
**public transportation** ……… 公共交通機関、公共輸送

**答え** (C) accessible

### 解説

**形容詞の問題**です。

選択肢に似た形の単語が並んでいるので、品詞の問題かもしれないと考えます。品詞の問題の場合、空欄前後が重要になります。

この問題は品詞問題に関係代名詞をからめた問題で、空欄の少し前にある that が関係代名詞の主格であり、その先行詞は that の前に置かれた the city だとわからなければなりません。

空欄の少し前に置かれた be 動詞 are の実際の主語が、the city だとわかります。

空欄の少し前に置かれた **be 動詞 are の後ろには名詞か形容詞が続きます**が、名詞の access や accession が正解であれば city = access/accession にならなければならず不適切です。**状態を表わす形容詞(C) accessible「接近できる、近づきやすい」**であれば文意が通ります。(C)の accessible が正解だとわかります。

空欄前の副詞の fully に惑わされる人もいると思いますが、空欄に入る形容詞の accessible を修飾しているだけです。

### 問題文の訳

スペース社は、公共交通機関の便が非常によく、賃料が手ごろなオフィス物件を市内全域で提供しています。

---

**この問題のポイント** be 動詞の後ろには、名詞か形容詞が続きます。

# 第16問

**次の選択肢の中から正しいものを選びなさい。**

(　　) profits for the year were small, executives expressed satisfaction with the results because there had been no profits for the past three years.

(A) Unless
(B) With
(C) Until
(D) Although

---

### 単語の意味

**profit** [práfət]············································利益、収益
**executive** [igzékjətiv]··························重役、役員
**satisfaction** [sæ̀tisfǽkʃən]··········満足、充足

**答え** (D) Although

### 解説

**接続詞の問題**です。
**空欄後からコンマまでもコンマ以降も、ともに節 [S(主語) +V(動詞)] です。**
**節と節を結ぶのは接続詞**なので空欄には接続詞が入るとわかります。選択肢のうち、(B)の前置詞 With 以外は接続詞の働きをします。

次に、意味を考えます。
空欄後からコンマまでで「その年の利益は少ない」と、コンマ以降で「過去3年間利益がまったく出ていなかったので役員は業績に満足していると言った」となっているので、空欄には**「～にもかかわらず」という意味の譲歩を表わす接続詞**の(D)**Although** しか入りません。

### 問題文の訳

今年の利益は少なかったのですが、過去3年間はまったく利益が出ていなかったので、役員は業績に満足していると言いました。

---

**この問題のポイント** 　節と節を結ぶ場合には接続詞を使います。although は「～にもかかわらず」という意味の接続詞で、譲歩を表わします。

# 第17問

**次の選択肢の中から正しいものを選びなさい。**

( ) the decision to acquire the company was made, the vice president was sent to investigate the feasibility.

(A) Prior to
(B) Previously
(C) Unless
(D) Before

---

### 単語の意味

**decision** [disíʒən]············決定、決意
**acquire** [əkwáiər]············買収する、取得する
**investigate** [invéstəgèit]········調査する、調べる
**feasibility** [fi:zəbíləti]············実現可能性、事業性

**答え** (D) Before

#### 解説

**接続詞の問題**です。
**空欄後のコンマまでも、コンマ以降も節 [S(主語) + V(動詞)] になっています。節と節を結ぶのは接続詞なので、接続詞を入れればいいとわかります。**

選択肢の中で接続詞は(C)の Unless と(D)の Before だけです。「その会社の買収を決断した」と「実現性について調査するため、副社長が派遣された」の2文をつないで、意味が通るのはどちらかを考えます。

unless は「もし〜でなければ」という意味なので文意が通りませんが、(D) **before**「〜する前に」であれば文意が通ります。
(A)の Prior to「〜より前に、〜に先だって」を選んだ人がいるかと思いますが、prior to は前置詞の働きをし、接続詞としては使われません。

before には前置詞と接続詞の用法があり、ここでは接続詞として使われています。

#### 問題文の訳

その会社の買収を決断する前に、事業性について調査するため、副社長が派遣されました。

---

**この問題のポイント**　before は接続詞としても前置詞としても使われます。「〜する前に」という意味で、接続詞として使われる場合、後ろには節(S + V)が続きます。

# 第18問 NEW

Lesson1 まずはサクッと！20問 44-45

できたら…○
できなかったら…×

次の選択肢の中から正しいものを選びなさい。

As the domestic economy has been growing steadily in recent years, it is expected that sales of cars and houses (　) in the coming year.

(A) grow
(B) have grown
(C) was growing
(D) will increase

---

### 単語の意味

**domestic economy**……………国内経済
**steadily** [stédəli]………………着実に、確実に
**in the coming year**…………来年

**答え** (D) will increase

### 解説

**時制の問題**です。
選択肢にはさまざまな時制の動詞が並んでいるので、動詞の時制に関する問題だとわかります。

**文末に in the coming year「来年」と未来を表わす表現があることから、動詞は未来形でなければなりません。**

したがって、**正解は未来時制の**(D) <u>will increase</u> です。

### 問題文の訳

近年国内経済が着実に伸びているので、来年は自動車と住宅の販売が増えると予想されます。

---

**この問題のポイント**     in the coming year「来年」と未来を表わす表現があるので、動詞の時制は未来形になります。

# 第 19 問

Lesson1 まずはサクッと！20問 46-47

できたら…○
できなかったら…×

**次の選択肢の中から正しいものを選びなさい。**

There is a movement among restaurants in California to utilize only (　　) grown fruit and vegetables.

(A) local
(B) locally
(C) localized
(D) localization

---

### 単 語 の 意 味

**movement** [múːvmənt] ………… 運動、活動
**utilize** [júːtəlàiz] ………………… 利用する、使用する

### 答え (B) locally

#### 解説

**副詞の問題です。**

選択肢に似た形の単語が並んでいるので、品詞の問題かもしれないと考えます。品詞の問題であれば、空欄の前後が重要になります。

**空欄の後ろは grown fruit and vegetables と、「過去分詞＋名詞」の形になっています。** したがって、**空欄には直後の過去分詞 grown「生産された」を修飾する語が入るとわかります。**

**分詞は形容詞の働きをするので、形容詞を修飾する副詞である**(B)の **locally** が正解です。
locally grown という表現を問う問題としても数度出題されています。

#### 問題文の訳

カリフォルニアのレストランの間では、現地で栽培された果物や野菜だけを使おうとする動きがあります。

---

**この問題のポイント** ── 分詞は形容詞の働きをするので、分詞を修飾する語を選ぶ場合には形容詞を修飾する副詞を選びます。

# 第20問

Lesson1 まずはサクッと！20問 48-49

できたら…○
できなかったら…×

**次の選択肢の中から正しいものを選びなさい。**

We asked for a two-month extension ( ) bad weather and equipment breakdowns had put us behind schedule.

- (A) during
- (B) although
- (C) due to
- (D) because

---

### 単語の意味

**extension** [iksténʃən] ……………延期、延長
**equipment** [ikwípmənt] …………機材、機器、設備
**breakdown** [bréikdàun] …………故障
**behind schedule** ………………予定より遅れて

**答え** (D) because

### 解説

**接続詞の問題**です。

**空欄前も空欄後も節[S(主語)+V(動詞)]です。節と節を結ぶのは接続詞**なので、前置詞である(A)の during と、群前置詞である(C)の due to は選べません。

接続詞である(B)か(D)のどちらかが正解です。2つの節と節の意味のつながりを考えて、適切な接続詞を選びます。although は「~にもかかわらず」と譲歩の意味を表わす接続詞なので空欄の前後で意味がつながりません。(D)の **because**「~だから、~なので」であれば文意が通ります。

接続詞の since や as にも「~だから、~なので」と because と同じ意味があり、それらが出題されることもあります。

### 問題文の訳

悪天候と機材の故障によって予定が遅れたので、我々は2カ月の期間延期を求めました。

---

**この問題のポイント** 節と節を結ぶ場合には接続詞を使います。接続詞の because は「~だから、~なので」と理由を表わします。

TOEIC® LISTENING
AND READING TEST

Lesson
## 2

# モチベーションで乗り越えて！

# 20問

# 第 1 問

**次の選択肢の中から正しいものを選びなさい。**

The electronics company will be ( ) a new version of their portable audio player at the beginning of next year.

(A) release
(B) released
(C) releases
(D) releasing

---

### 単語の意味

**electronics company**………… 電機メーカー
**portable** [pɔ́ːrtəbl]………………… 携帯用の、持ち運びのできる

### 答え (D) releasing

### 解説

**態を問う問題**です。
空欄直前に be 動詞があり、選択肢に過去分詞 released と現在分詞 releasing の両方があるので、能動態(進行形)か受動態かを問う問題ではないかと推測できます。

能動態になるのか、受動態になるのかは、**主語と動詞の意味上の関係を考えればわかります。**
主語が The electronics company「その電機メーカー」で、動詞が release「発売する」なので、能動態の英文になるはずです。したがって、**現在分詞の(D) releasing を入れて進行形(能動態)にすればいいとわかります。**

「態を問う問題」は、頻出問題です。能動態、受動態ともに出題されますが、受動態の出題のほうが多いです。

### 問題文の訳

その電機メーカーは来年の初めに新バージョンの携帯用オーディオプレーヤーを発売することにしています。

---

**この問題のポイント** 能動態か受動態かを選ぶ「態を問う問題」では、主語と動詞の意味上の関係を考えます。

# 第2問

Lesson2 モチベーションで乗り越えて！20問 54-55

できたら…○
できなかったら…×

**次の選択肢の中から正しいものを選びなさい。**

The growth rate of the Chinese economy has exceeded ( ) of even the most optimistic economic forecasters.

      (A) expect
      (B) expectations
      (C) expectative
      (D) expectantly

---

### 単語の意味

**growth rate**……………………成長率
**exceed** [iksí:d]………………上回る、超える
**optimistic** [ὰptəmístik]…………楽観的な
**forecaster** [fɔ́:rkæstər]……………予測者

### 答え (B) expectations

### 解説

**名詞の問題**です。
選択肢に似た形の単語が並んでいるので、品詞の問題かもしれないと考えます。品詞の問題の場合、空欄前後が重要になります。

**空欄直前の動詞は、「上回る、超える」という意味の他動詞 exceed の過去形です。**
**他動詞の後ろには目的語である名詞が続きます。**
選択肢のうち**名詞は**(B)の <u>expectations</u>「予想、期待」だけです。

品詞の問題はテストのパート5と6を合わせると8問以上出題されます。中でも一番簡単なのが名詞の問題なので、必ず正解しましょう。

### 問題文の訳

中国経済の成長率は、最も楽観的な見方をしていた経済予測家の予想すら上回りました。

---

**この問題のポイント**　他動詞の後ろには目的語である名詞が続きます。
expectations は「予想、期待」という意味の名詞です。

# 第3問

次の選択肢の中から正しいものを選びなさい。

Four major sales are held at the department store ( ) the year so that the seasonal items may move off the shelves.

(A) whenever
(B) thorough
(C) all over
(D) throughout

---

### 単語の意味

**so that 〜** ……………………〜するように
**seasonal item** ………………季節商品
**move off the shelf** …………（品物などが）どんどん売れる

**答え** (D) throughout

### 解説

**前置詞の問題**です。
文頭から空欄直後の the year までを読んで、英文の意味を考えれば解答できます。

「デパートで〜4回の大規模なセールが開かれる」という文の「〜」の部分が( ) the year になります。空欄に入れて文意が通るのは**前置詞の**(D)**throughout**「〜を通じて」しかありません。throughout the year はよく使われる表現で、「1年を通じて、年間を通じて」という意味です。

(A)whenever は複合関係副詞で「〜するときはいつでも」という意味なので、ここでは使えません。(B)thorough は「徹底的な、十分な」という意味の形容詞なので文意が通りません。
(C)all over が正解であれば all over the year「1年中」という意味になるので、「4回セールが開かれる」という内容と矛盾します。
throughout を入れる問題としては他にも、throughout the negotiation「交渉全体を通して」や、throughout the country「全国と通じて」などのような表現でも出題されています。

### 問題文の訳

季節商品を売り切るために、デパートでは年に4回、大規模なセールが開かれます。

---

**この問題のポイント** throughout は「1年を通じて、年間を通じて」という意味の前置詞です。

# 第4問

次の選択肢の中から正しいものを選びなさい。

Because of the decline in sales, the company decided to (    ) suspend the hiring of new college graduates.

- (A) temporal
- (B) temporarily
- (C) temporality
- (D) temporary

---

### 単語の意味

**decline in sales** ……………… 売上の減少
**suspend** [səspénd] ……………… 一時中断する、一時停止する
**employment** [emplɔ́imənt] …… 雇用
**graduate** [grǽdʒuət] ………… 卒業生

#### 答え (B) temporarily

#### 解説

**副詞の問題**です。

選択肢の形が似ているので、品詞の問題かもしれないと考えます。品詞の問題の場合、空欄前後が重要になります。

この英文では、**空欄直後に suspend「一時的に中止する」という意味の動詞が続いています。動詞を修飾するのは副詞です。**したがって、**副詞である**(B) の **temporarily** が正解です。

**副詞は、動詞、形容詞、他の副詞、副詞句、文全体を修飾します。**
この問題は修飾する動詞の前に置く副詞を問う問題ですが、動詞の後ろに置く副詞を問う問題も出題されます。

#### 問題文の訳

売上が落ち込んだため、その会社は新卒大学生の雇用を一時的に中止しました。

---

**この問題のポイント**

動詞を修飾するのは副詞です。

# 第5問

次の選択肢の中から正しいものを選びなさい。

Many of the mobile phone provider's customers complained (　　) the sound quality of their phone calls had gotten worse in the past few hours.

(A) though
(B) that
(C) what
(D) which

---

### 単語の意味

**mobile phone** ……………… 携帯電話
**customer** [kʌ́stəmər] ……………… 顧客
**complain** [kəmpléin] ……………… 苦情を言う、不平を言う

### 答え (B) that

#### 解説

**接続詞の問題**です。
[that + S(主語) + V(動詞)] で、「S が V するということ」という意味になります。

that 節 [that + S + V] は、文の主語、補語、目的語として使われます。この英文では complained that + S + V という形で、動詞 complained の目的語として that 節が使われています。

主語の働きをする that 節が問われる場合もあります。

#### 問題文の訳

その携帯電話会社の顧客の多くが、ここ数時間、電話の音質が悪くなったと苦情を言いました。

---

**この問題のポイント**

[that + S(主語) + V(動詞)] で、「S が V するということ」という意味になり、主語にも補語にも目的語にもなります。

# 第6問

次の選択肢の中から正しいものを選びなさい。

The university was granted a large research fund by the chemical company due to the high level of ( ) of its chemistry department faculty.

(A) creative
(B) creation
(C) creating
(D) creativity

---

#### 単 語 の 意 味

**grant** [grǽnt]················ 与える、授ける
**research fund**············ 研究費、研究資金
**chemistry** [kémistri]········ 化学
**faculty** [fǽkəlti]············ 教授陣、学部

**答え** (D) creativity

### 解説

名詞の問題です。

選択肢に似た形の語が並んでいるので、品詞の問題かもしれないと考えましょう。品詞の問題の場合、空欄前後が重要です。

**空欄の前後はともに前置詞の of です。「前置詞と前置詞の間に入るのは名詞」です。**選択肢の中で名詞は(B)の creation「創造、創作」と(D)の creativity「創造性、独創力」です。(B)の creation では文意が通りません。(D)の **creativity** であれば、多額の研究資金が与えられるのは教授陣の「創造性」のためだという意味になるので文意が通ります。

TOEIC は時間がない中で急いで解くため、深く考えずに(B)の creation を選んでしまう人も少なくありません。名詞を選ばせる問題では選択肢に名詞が2つ以上並んでいる場合も多いので、気をつけましょう。

### 問題文の訳

その大学は、化学学部の教授陣が高度な創造性を有していたため、その化学会社から多額の研究資金を提供されました。

### この問題のポイント

前置詞と前置詞の間に入るのは名詞です。

# 第7問

Lesson2 モチベーションで乗り越えて！20問　64-65

できたら…○
できなかったら…×

**次の選択肢の中から正しいものを選びなさい。**

(　　) there is currently a shortage of food worldwide, prices at supermarkets all over Japan have risen considerably.

   (A) While
   (B) Although
   (C) Since
   (D) Unless

---

#### 単語の意味

**currently** [ká:rəntli]············現在、現在は
**shortage** [ʃɔ́:rtidʒ]··············不足
**worldwide** [wá:rldwáid]········世界的に、世界中で
**considerably** [kənsídərəbli]····かなり、大幅に

**答え** (C) Since

### 解説

**接続詞の問題**です。
選択肢はすべて接続詞です。

接続詞は語と語、句と句、節と節を結びます。この問題は**節と節を結ぶ接続詞を選ばせる問題**なので、コンマまでとコンマ以降の2つの節の意味のつながりを考えて、適切な接続詞を選びます。接続詞の問題では、それらがどのような関係でつながっているのかを見極めなければなりません。

空欄からコンマまでで「現在、世界中で食糧が不足している」、コンマ以降で「日本中のスーパーマーケットで食品価格がかなり高騰している」と言っています。この2つの節を結んで意味がつながるのは、**理由を表わす接続詞である**(C)の <u>Since</u>「〜なので、〜だから」です。

接続詞の since には、because や as と同じ意味があります。since には「〜以降」という意味もあり、この意味で使われる場合は、接続詞、前置詞両方の働きをします。「〜以降」という意味の since を入れる問題も出題されます。

#### 問題文の訳

現在、世界中で食糧が不足しているので、日本中のスーパーマーケットで食品価格がかなり高騰しています。

**この問題のポイント** — 接続詞の since には because と同じ「〜だから」という意味があります。

# 第8問

次の選択肢の中から正しいものを選びなさい。

The automobile company found that the future sales of small compact cars will be more ( ) than that of large luxury cars.

(A) promised
(B) promising
(C) promiser
(D) promise

---

### 単語の意味

**automobile** [ɔ́:təmoubì:l] ……… 自動車
**compact car** ……………………… 小型車
**luxury car** ………………………… 高級車

### 答え　(B) promising

#### 解説

**形容詞の問題**です。
選択肢に似た形の単語が並んでいるので品詞の問題かもしれないと考えます。品詞の問題の場合、空欄前後が重要になります。

**空欄の少し前に be 動詞があります。be 動詞の後ろには形容詞が続きます。** この問題を少し複雑にしているのは形容詞の部分が比較級になっている点です。空欄の前後を見ると空欄前が more で、後ろが than となっています。
比較級になっているからといって問題のポイントが変わるわけではありません。
**形容詞である**(B)の **promising**「見込みのある、期待できる」が正解です。(A)の promised も形容詞ですが「約束した、公約の」という意味なので文意に合いません。

be 動詞の後ろには形容詞が来るが、他動詞の後ろには目的語である名詞が来るというタイプの問題が時々出題されます。

#### 問題文の訳

その自動車会社は、大型高級車より小型車のほうが将来の売上が見込めると思いました。

---

**この問題のポイント**　　be 動詞の後ろには形容詞が続きます。ここでは形容詞部分が比較級になっているので注意が必要です。

# 第 9 問

Lesson2 モチベーションで乗り越えて! 20問 68-69

できたら…○
できなかったら…×

次の選択肢の中から正しいものを選びなさい。

Three decades ago, international attention was not on India, but today financial experts feel that it is becoming an (　　) significant market.

(A) increased
(B) increasing
(C) increase
(D) increasingly

---

#### 単 語 の 意 味

**decade** [dékeid] ……………………10年
**expert** [ékspə:rt] …………………専門家
**significant** [signífikənt] …………重要な、重大な、意義深い
**market** [má:rkit] ……………………市場

**答え** (D) increasingly

### 解説

**副詞の問題**です。

選択肢に似た形の単語が並んでいるので、品詞の問題かもしれないと考えます。品詞の問題の場合、空欄の前後が重要になります。

空欄後は <u>significant</u> <u>market</u> と「形容詞 + 名詞」の形になっています。

**空欄直後の significant は形容詞です。形容詞を修飾するのは副詞です。**選択肢の中で、**副詞は (D) increasingly** しかありません。

空欄直後に形容詞でなく分詞が使われている問題も出題されますが、分詞は形容詞の働きをするので、考え方はこの問題と同じで、形容詞を修飾する副詞を選べば正解となります。

### 問題文の訳

30年前、世界の注目はインドにはありませんでしたが、今日(こんにち)では金融専門家はインドはますます重要な市場になりつつあると感じています。

---

**この問題のポイント**

形容詞を修飾するのは副詞です。

次の選択肢の中から正しいものを選びなさい。

The company representative found (　　) his stay in the South American country that the market for its product was very small.

(A) beyond
(B) during
(C) with
(D) because

---

### 単語の意味

**representative** [rèprizéntətiv]…代表、代表者、代理人
**market** [má:ʳkit]……………………市場
**product** [prádəkt]……………………製品、生産品

**答え** (B) during

### 解説

**前置詞の問題**です。
選択肢には前置詞と接続詞が並んでいます。

**前置詞の後ろには名詞か名詞句が、接続詞の後ろには節 [S (主語) + V (動詞)] が続きます。**
空欄の後ろは、his stay in the South American country と名詞句なので、空欄に入るのは前置詞です。したがって、接続詞である(D)because は間違いだとわかります。
残りは3つとも前置詞です。

空欄前の動詞 found の目的語は、少し後ろの接続詞 that 以下の the market for its product was very small「その製品の市場が非常に小さかったこと」です。

動詞の found と that の間にある ( ) his stay in the South American country の空欄にどの前置詞を入れればいいかを考えます。
(B)の **during**「〜の間に」を入れれば「その南米の国での滞在中に」となり、文意が通ります。

### 問題文の訳

会社の代表者はその南米の国での滞在中に、その製品の市場が非常に小さいということに気づきました。

---

**この問題のポイント**

during は「〜の間に」という意味の前置詞です。

# 第11問

Lesson2 モチベーションで乗り越えて！20問 72-73

できたら…○
できなかったら…×

**次の選択肢の中から正しいものを選びなさい。**

Parts ( ) are necessary to produce automobiles are exported to different areas of the world.

        (A) that
        (B) who
        (C) those
        (D) what

---

## 単 語 の 意 味

**part** [pá:rt] ……………………………… 部品、パーツ
**produce** [prəd(j)ú:s] …………………… 製造する、生産する
**export** [ikspɔ́:rt] ……………………… 輸出する

**答え** (A) that

### 解説

**関係代名詞の問題**です。

選択肢のうち3つが関係代名詞なので、関係代名詞の問題ではないかと考えます。

関係代名詞の問題だとすれば、空欄に入る関係代名詞の**先行詞は空欄前の parts「部品」と物**であり、人ではありません。

また、**先行詞が空欄後の are necessary ～に続く節の主語の働きをしていることがわかるので、物が先行詞の場合の関係代名詞である which か that** を入れれば正しい英文になります。ここでは(A)の **that が正解**になります。選択肢に which があれば which も正解になります。

### 問題文の訳

自動車を製造するために必要な部品が世界のさまざまな地域に輸出されています。

### この問題のポイント

先行詞が物で、その先行詞が続く節の主語の働きをする場合には関係代名詞の which か that を使います。

# 第12問

次の選択肢の中から正しいものを選びなさい。

Several economists have suggested that the government (　　) measures to fill the supply-demand gap.

- (A) taken
- (B) takes
- (C) take
- (D) taking

---

### 単語の意味

**supply** [səplái]······················供給
**demand** [dimǽnd]················需要

**答え** (C) take

### 解説

**命令、提案、要求、推奨を表わす動詞の問題**です。
この英文の動詞は have suggested で、続く that 節では、the government が主語で、空欄には動詞が入るのではないかと推測できます。

**suggest は提案を表わす動詞です。**この英文では have suggested と完了形になっています。
**命令、提案、要求、推奨を表わす動詞のあとに続く that 節の中は、「主語＋動詞の原形」にしなければなりません。**この英文では suggest が提案を表わす動詞なので、**that 節内の動詞は原形になります。**したがって、(C)の <u>take</u> が正解です。

命令、提案、要求や推奨を表わす動詞には、suggest の他にも、require、request、demand、advice、recommend、propose、ask などさまざまなものがあります。

イギリス英語では、このような場合、動詞の原形ではなく、「主語 + should + 動詞の原形」を使いますが、TOEIC ではこの形を問う問題としては出題されていません。

### 問題文の訳

政府は需給ギャップを埋める政策をとるべきだと、これまで数人の経済学者が提案してきました。

---

**この問題のポイント**

命令、提案、要求、推奨を表わす動詞のあとに続く that 節の中は、「主語＋動詞の原形」にしなければなりません。suggest は提案を表わす動詞です。

# 第 13 問

## 次の選択肢の中から正しいものを選びなさい。

The combination of insufficient supply ( ) rising demand typically results in an increase in commodity prices.

(A) or
(B) and
(C) after
(D) while

---

### 単 語 の 意 味

**insufficient** [insəfíʃənt] ············ 不十分な、不足した
**supply** [səplái] ····················· 供給、供給品
**demand** [dimǽnd] ················· 需要
**commodity price** ················ 物価

**答え** (B) and

#### 解説

**接続詞の問題**です。

選択肢には接続詞が並んでいるので、接続詞の問題だとわかります。

語と語、句と句、節と節を結ぶのが接続詞なので、接続詞の問題では、それらがどのような関係でつながっているのかを見極めなければなりません。

**空欄前後は、insufficient supply「不十分な供給」、rising demand「高まりつつある需要」とともに名詞句です。**
句と句や語と語を結ぶのは、等位接続詞です。主な等位接続詞は、and、but、or です。選択肢には or と and があります。

何が正解かは、空欄前後の名詞句の意味のつながりを考えて判断しなければなりません。
insufficient supply も rising demand も、ともに物価の上昇を招く要因となるので、(B)の**接続詞 and** を入れれば正しい英文になります。節と節を結ぶ接続詞の and も頻繁に出題されます。

#### 問題文の訳

供給不足と需要増大の組み合わせが、主に物価の上昇を招く要因となります。

---

**この問題のポイント**

接続詞は語と語、句と句、節と節を結びます。語と語や句と句を結ぶ場合、接続詞の and は「～と…、～や…」という意味になります。

# 第14問

Lesson2 モチベーションで乗り越えて！20問 78-79

できたら…○
できなかったら…×

**次の選択肢の中から正しいものを選びなさい。**

If less than 20 percent of the stockholders (    ) the annual meeting, the company must have 45 percent proxy votes.

(A) present
(B) participate
(C) go
(D) attend

---

### 単 語 の 意 味

**less than ～**……………………～未満の、～に満たない
**stockholder** [stákhòuldər]……株主
**proxy vote**………………………代理投票

**答え** (D) attend

### 解説

**他動詞の問題**です。
**動詞には自動詞と他動詞があり、自動詞は後ろに目的語をとりませんが、他動詞は後ろに目的語が続きます。** 他動詞の後ろに前置詞が続くことはありません。

この英文の場合、空欄の後ろに the annual meeting という名詞句、つまり目的語が続いています。したがって、空欄には他動詞を入れなければなりません。

participate「参加する」の意味は attend と同じですが、自動詞なので後ろに前置詞の in がつきます。go「行く」も自動詞なので後ろに前置詞の to がつきます。present では文意が通りません。

**attend「参加する」は他動詞なので後ろに直接目的語が続きます。**

他動詞の問題としては、他にも visit や attract なども出題されています。

#### 問題文の訳

年次総会に出席する株主の人数が全体の 20 パーセント未満であれば、会社は 45 パーセント分の代理投票を集めなければなりません。

---

**この問題のポイント** — attend は「参加する」という意味の他動詞です。他動詞の直後には目的語が続きます。

# 第15問

Lesson2 モチベーションで乗り越えて！ 20問 80-81

できたら…○
できなかったら…×

次の選択肢の中から正しいものを選びなさい。

The application ( ) the virus protection service must be sent in before the end of the month.

(A) renewed
(B) to renew
(C) renewing
(D) to be renewed

---

### 単語の意味

**application** [æplikéiʃən] ………… 申請、申込書
**expire** [ikspáiər] …………………… 終了する、満期になる

**答え** (B) to renew

### 解説

**動詞の形を問う問題**です。
**この英文の主語は、The application で、動詞部分は must be sent です。**

空欄前後を読めば「ウイルスチェックサービスを更新するための申込書が送付されなければならない」という意味にすればいいと推測できます。**「…するための〜」**という意味にするためには、to不定詞（to +動詞の原形）を入れます。

ここでは、(B)の **to renew が正解**です。(D)の to be renewed だと「…されるための〜」となり、the virus check service とつながりません。

### 問題文の訳

ウイルスチェックサービスを更新するための申込書は、月末までに送付されなければなりません。

---

この問題のポイント　不定詞の後ろには動詞の原形が続きます。また、空欄後には、更新するもの（renew の目的語）が続いているので受動態は使えません。

## 第16問

次の選択肢の中から正しいものを選びなさい。

Todd Motors is a well-respected car dealer that is owned by a local family and has been in business ( ) the late 1980s.

(A) to
(B) since
(C) over
(D) within

---

### 単語の意味

| | |
|---|---|
| well-respected | とても尊敬されている |
| car dealer | 自動車販売業者 |
| own [óun] | 所有する |
| in business | 商売／事業を行なって |

**答え** (B) since

### 解説

**前置詞の問題**です。
選択肢はすべて前置詞なので、英文の意味を考えて正解を選びます。

空欄の前では「トッドモーターズは地元の家族が所有しているたいへん評判のいい自動車販売業者で、事業を行なってきた」と、空欄以降では「1980年代後半」と言っています。この2つをつないで意味が通るのは(B)<u>since</u>「〜以来」しかありません。

**since には前置詞と接続詞の用法があり、前置詞としては「〜以来」、接続詞としては since「〜して以来」と「〜なので」の2つの意味があります。** すべて出題されています。それぞれの使い方を覚えましょう。

### 問題文の訳

トッドモーターズは地元の家族が所有しているたいへん評判のいい自動車販売業者で、1980年代後半から事業を行なってきました。

---

この問題のポイント

前置詞の since は「〜以来」という意味です。

# 第17問

Lesson2 モチベーションで乗り越えて！20問 84-85

できたら…○
できなかったら…×

**次の選択肢の中から正しいものを選びなさい。**

The hotel has created a new smartphone application that allows guests to report their ( ) arrival time.

- (A) anticipating
- (B) anticipation
- (C) anticipated
- (D) anticipate

---

### 単語の意味

**application** [æplikéiʃən] ……… アプリ、アプリケーション、（略）app
**allow** [əláu] ……………………… 許可する、可能にする
**arrival time** ……………………… 到着時間

### 答え (C) anticipated

#### 解説

**分詞の問題**です。

分詞には現在分詞(-ing) と過去分詞(-ed) があります。両方とも形容詞的に用いられることが多いです。

分詞は形容詞の働きをするので名詞を修飾します。
現在分詞は「〜している、〜する」という能動的な意味に、過去分詞は「〜された、〜される」という受動的な意味になる場合が多いです。

空欄前後を訳してみると、「予想される到着時間」とつなげるのが自然だとわかります。「〜された、〜される」という受動的な意味は過去分詞で表わしますので、(C)の <u>anticipated</u> が正解です。

分詞の使い方としては、修飾する「名詞の前に来る」用法と、「名詞の後ろに来る」用法があります。この英文では名詞の前に置いて後ろに続く名詞を修飾しています。

#### 問題文の訳

そのホテルは、宿泊客が到着予想時間を知らせることができるスマートフォン用の新しいアプリを作りました。

---

**この問題のポイント** 分詞は形容詞の働きをし、名詞を修飾します。「〜された、〜される」と受動的な意味になる場合には過去分詞を使います。

# 第18問

Lesson2 モチベーションで乗り越えて！20問 86-87

できたら…○
できなかったら…×

**次の選択肢の中から正しいものを選びなさい。**

Customers (　　) purchases per year exceed 10,000 dollars are invited to utilize the department store's private lounge.

(A) who
(B) whose
(C) what
(D) which

---

### 単語の意味

**customer** [kʌ́stəmər] ············· 顧客、得意先
**purchase** [pə́ːrtʃəs] ············· 購入、購入額
**exceed** [iksíːd] ············· 上回る、超える
**invite** [inváit] ············· 招待する
**utilize** [júːtəlàiz] ············· 利用する、使用する

### 答え (B) whose

#### 解説

**関係代名詞の問題**です。
選択肢には、関係代名詞が並んでいるので関係代名詞の問題ではないかと考えます。

文意が通るためには、空欄の後ろは、「"顧客の"購入額が年間1万ドルを超える」という意味の英文にしなければなりません。したがって、空欄に入る関係代名詞は、**先行詞 The customer の所有格の働きをするもの**になります。

先行詞が人の場合、関係代名詞は主格なら who、所有格なら whose、目的格なら whom です。したがって、**所有格である (B) の whose が正解**です。

空欄直後の purchase は名詞以外に動詞としての用法もあります。TOEIC は時間のない中で解くので、きちんとチェックせずに purchase が動詞として使われていると勘違いした人は、主格の who を選んでしまいます。

#### 問題文の訳

年間購買額が1万ドルを超えるその顧客は、デパートのプライベートラウンジを利用するよう案内されています。

---

**この問題のポイント**

「先行詞の所有格」の働きをする関係代名詞は whose です。先行詞が人の場合も物の場合も同じです。

# 第19問

Lesson2 モチベーションで乗り越えて！20問 88-89

できたら…○
できなかったら…×

**次の選択肢の中から正しいものを選びなさい。**

The bids from the two companies were (　　) evaluated, so it was difficult to make the decision as to which company should be awarded the contract.

　　　　(A) equally
　　　　(B) equal
　　　　(C) equality
　　　　(D) equalization

---

### 単語の意味

**bid** [bíd] ･･････････････････････････入札、付け値
**evaluate** [ivæljuèit] ･････････････評価する、査定する
**make a decision** ･･････････････決定する、決心する
**as to 〜** ･･････････････････････････〜に関しては、〜については
**award** [əwɔ́ːrd] ････････････････････与える、授与する
**contract** [kántrækt] ･････････････契約、契約書

### 答え (A) equally

#### 解説

**副詞の問題**です。

選択肢に似た形の単語が並んでいるので、品詞の問題かもしれないと考えます。品詞の問題の場合、空欄前後が重要になります。

**空欄の前後は were evaluated と、動詞の受動態になっています。動詞を修飾するのは副詞です。**ですから(A)の <u>equally</u>「平等に、公平に」を入れれば正しい英文になります。

**副詞は、動詞、形容詞、他の副詞や副詞句、文全体を修飾します。**受動態になっていたり、完了形になっていたりと、動詞の形が少し変わっただけでポイントが見えなくなる人がいます。シンプルに考えましょう。

#### 問題文の訳

2社による入札に対する評価は同等だったので、どちらの会社に契約を受注させるかについて決定するのが困難でした。

---

**この問題のポイント**　動詞を修飾するのは副詞です。動詞が受動態や完了形になっていても同じです。

# 第20問

Lesson2 モチベーションで乗り越えて！20問 90-91

できたら…○
できなかったら…×

## 次の選択肢の中から正しいものを選びなさい。

( ) the unexpectedly low number of visitors, the museum was able to meet its fundraising target thanks to generous donations.

(A) In addition to
(B) In spite of
(C) Due to
(D) Regarding

---

### 単語の意味

**unexpectedly** [ʌ̀nɪkspéktɪdli]…思いのほか、意外に
**museum** [mju(:)zí:əm]……………美術館、博物館
**fundraising** [fʌ́ndrèisiŋ]…………資金集めの
**thanks to ～**……………………………～のおかげで
**generous** [dʒénərəs]………………寛大な、気前のよい
**donation** [dounéɪʃən]………………寄付、寄付金

**答え** (B) In spite of

### 解説

**群前置詞の問題**です。

選択肢には、前置詞と前置詞の働きをする群前置詞が並んでいます。どれが正解かは英文の意味を考えて判断します。

空欄以降コンマまでで「思いのほか少ない来館者数」と、コンマ以降で「寛大な寄付のおかげでその美術館は資金集めの目標額を達成できた」と言っています。したがって、**逆接を表わす、(B)の In spite of「～にもかかわらず」が正解**です。

群前置詞の in spite of は、34 ページに出題されている前置詞 despite と意味も用法も同じです。despite の方が出題頻度が高いですが、in spite of も出題されています。

#### 問題文の訳

思いのほか来館者数が少なかったにもかかわらず、寛大な寄付のおかげでその美術館は資金集めの目標額を達成できました。

---

**この問題のポイント** in spite of は「～にもかかわらず」という意味の群前置詞です。

TOEIC® LISTENING
AND READING TEST

Lesson

# 3

## そろそろ慣れた？

# 20問

# 第 1 問 (NEW)

Lesson3 そろそろ慣れた？ 20問 94-95

できたら…○
できなかったら…×

次の選択肢の中から正しいものを選びなさい。

According to the chief financial officer, the two largest subsidiaries have (　　) reached their annual targets.

(A) already
(B) still
(C) always
(D) ever

---

#### 単語の意味

**according to ～** ……………… ～によれば
**chief financial officer** ………… CFO、最高財務責任者
**subsidiary** [səbsídièri] ………… 子会社

**答え** (A) already

### 解説

**適切な意味の副詞を選ぶ問題です。**

簡単な副詞が並んでいて、どの副詞が正解かを選ぶ問題です。どれが正解かを判断するには英文の意味を考えなければなりません。

(A)の **already「すでに」** を入れれば、「最も大きい子会社2社はすでにその年の目標を達成した」となり文意が通ります。

already はこの英文のように現在完了形とともに用いられることが多いですが、現在完了形以外の時制で使われることもあります。
現在完了形以外で使われていても正解できるようにしましょう。

(B)still「まだ、なお」、(C)always「いつも」、(D)ever「これまで、かつて」では文意が通りません。

### 問題文の訳

最高財務責任者によれば、最も大きい子会社2社はすでにその年の目標を達成したとのことです。

---

**この問題のポイント** already は「すでに」という意味の副詞で、現在完了形とともに使われることが多いです。

# 第2問 NEW

Lesson3 そろそろ慣れた？ 20問 96-97

できたら…○
できなかったら…×

**次の選択肢の中から正しいものを選びなさい。**

Ms. Shelton announced that (　　) would be heading the expansion project that included operations in emerging markets throughout Asia.

(A) herself
(B) she
(C) her
(D) hers

## 単語の意味

**head** [héd] ……………………………〜の先頭に立つ、〜を率いる
**expansion** [ikspǽnʃən] ………… 拡大、拡張
**include** [inklúːd] …………………… 〜を含む、〜を含有する
**operation** [ɑ̀ːpəréiʃən] …………… 事業、業務
**emerging market** ……………… 新興市場
**throughout** [θruáut] …………… 〜の至るところに、〜中くまなく

**答え** (B) she

### 解説

**代名詞の問題**です。
選択肢には代名詞 she のさまざまな格が並んでいるので、適切な格の代名詞を選ぶ問題だと推測できます。

代名詞の格を問う問題では、空欄前後にヒントがあることが多いです。

この問題の場合、空欄直前の that は動詞 announced に続き、かつ空欄直後が助動詞 + 動詞なので、この that は代名詞ではなく、接続詞だとわかります。
したがって、**空欄には would be heading の主語となる主格の she が入ります。**

### 問題文の訳

シェルトン氏は、自分がアジア中の新興市場での事業を含む業務拡大プロジェクトを率いると発表しました。

---

**この問題のポイント**  代名詞の格の中で、主語になるのは主格です。

# 第3問

Lesson3 そろそろ慣れた？20問 98-99

できたら…○
できなかったら…×

**次の選択肢の中から正しいものを選びなさい。**

Since the economy is improving, the steady (　) in the company's sales volume has remained unchanged.

   (A) increasing
   (B) increase
   (C) increased
   (D) increasingly

---

### 単 語 の 意 味

**improve** [imprúːv]・・・・・・・・・・・・・・・・・改善する、好転する、よくなる
**steady** [stédi]・・・・・・・・・・・・・・・・・・・・・安定した、変わらない
**sales volume**・・・・・・・・・・・・・・・・・・・・売上高
**remain** [riméin]・・・・・・・・・・・・・・・・・・〜のままである、相変わらず〜である

### 答え (B) increase

### 解説

**名詞の問題**です。
**空欄直前の steady は「安定した、変わらない」という意味の形容詞です。形容詞が修飾するのは名詞です。**ですから、**名詞である**(B)の **increase** を選べば正解となります。

increase in ～「～の増加」や decrease in ～「～の減少」はビジネス関連の英文で頻繁に使われます。品詞問題としてではなく、increase in ～という表現の前置詞 in を問う問題や語彙問題として出題されることもあります。

### 問題文の訳

景気が改善しているので、その会社の着実な売上増加傾向に変化は見られません。

---

**この問題のポイント**　形容詞が修飾するのは名詞です。increase in ～で「～の増加」という意味になります。

次の選択肢の中から正しいものを選びなさい。

Russia has (　　) resources of oil in Siberia, but it is as yet unexploited by the government.

(A) bountiful
(B) bountifully
(C) bountifulness
(D) bounty

---

### 単語の意味

**resource** [ríːsɔːrs] ……………… 資源、富、財産
**as yet** ……………………………… 今のところは
**exploit** [iksplɔ́it] ………………… (資源などを)開発する、(鉱山を)掘る

**答え** (A) bountiful

### 解説

**形容詞の問題**です。

選択肢に似た形の単語が並んでいるので、品詞の問題かもしれないと考えます。品詞の問題の場合、空欄前後が重要になります。

( ) resources of 〜は動詞 has の目的語です。目的語なので、この部分は名詞句になるはずです。また、**空欄直後はresourcesと名詞です。名詞を修飾するのは形容詞なので(A)の bountiful が正解**だとわかります。

簡単な問題ですが、この問題を難しくしているのは、bountiful「豊富な」という単語です。この単語の意味を知らない人が多いはずで、bountiful の意味を知らない人は、選択肢の中でどれが形容詞なのかを推測しなければなりません。

最近は、簡単な問題でも、英文の構造を難しくして読みにくくしたり、この問題のように選択肢の単語を難しくしたりするケースが増えています。日ごろから英語に親しんでいれば、語尾が -ful で終わるのは形容詞だとわかります。

### 問題文の訳

ロシアはシベリア地方に豊富な石油資源を持っていますが、まだ政府による開発は行なわれていません。

---

**この問題のポイント**

名詞を修飾するのは形容詞です。

# 第5問

Lesson3 そろそろ慣れた？20問 102-103

できたら…○
できなかったら…×

次の選択肢の中から正しいものを選びなさい。

Despite repeated warnings, the secretary was ( ) late to the office, so she was laid off.

(A) habituate
(B) habitable
(C) habitually
(D) habit

---

### 単語の意味

**warning** [wɔ́ːrniŋ] ……………… 警告、注意
**lay off** ……………………………… 解雇する

**答え** (C) habitually

### 解説

**副詞の問題**です。
選択肢に似た形の単語が並んでいるので、品詞の問題かもしれないと考えます。品詞の問題の場合、空欄前後が重要になります。

**空欄の後ろの late は「遅れる」という意味の形容詞です。形容詞を修飾するのは副詞です。**したがって、**副詞の**(C) <u>habitually</u> を入れれば正しい英文になります。

**副詞は、主に、動詞、形容詞、他の副詞、副詞句、文全体を修飾します。**

品詞関連の問題は、パート5と6を合わせると毎回8問以上出題されます。
中でも、副詞の問題は間違える人が多いせいか出題数が多いです。「副詞」を復習しておきましょう。

### 問題文の訳

繰り返し注意されていたにもかかわらず、その秘書はいつも会社に遅刻していたので、解雇されました。

---

この問題のポイント

形容詞を修飾するのは副詞です。

# 第6問 NEW

Lesson3 そろそろ慣れた？ 20問 104-105

できたら…○
できなかったら…×

**次の選択肢の中から正しいものを選びなさい。**

It was decided that an aggressive marketing strategy would be needed (　　) a decline in the number of subscribers.

   (A) provided that
   (B) if
   (C) because of
   (D) owing

---

### 単 語 の 意 味

**aggressive** [əgrésiv] ……………積極的な
**strategy** [strǽtədʒi] ……………戦略
**decline in 〜** ……………………〜の下落、〜の減少
**subscriber** [səbskráibər] ………定期購読者、加入者

#### 答え (C) because of

#### 解説

**群前置詞 because of の問題**です。
**空欄以降が「定期購読者数の減少」という名詞句になっているので空欄には前置詞か群前置詞が入るとわかり、ここから正解は(C)ではないかと推測できます。**

(D)は owing to と to があれば正解です。
時間の余裕があれば、念のため、英文を読んでその意味を考えます。
「定期購読者数の減少〜積極的なマーケティング戦略が必要だと判断された」という英文で、「〜」部分に because of を入れて訳してみます。

**理由を表わす**(C)の **because of 〜「〜のために、〜の理由で」**であれば、「減少しているために」や「減少しているので」と文意が通ります。

似た意味の群前置詞の due to 〜や、より文語的な表現 on account of 〜も出題されています。

#### 問題文の訳

定期購読者数が減少しているので、積極的なマーケティング戦略が必要になると判断されました。

---

**この問題のポイント**　because of 〜は「〜のために、〜の理由で」という意味の群前置詞です。

# 第7問

Lesson3 そろそろ慣れた？ 20問 106-107

できたら…○
できなかったら…×

**次の選択肢の中から正しいものを選びなさい。**

Passengers sitting adjacent to the plane's emergency exit (　　) for their cooperation in the event of an emergency.

- (A) are asked
- (B) have asked
- (C) is asked
- (D) ask

---

### 単 語 の 意 味

**passenger** [pǽsəndʒər]············乗客
**adjacent to ～**························～に隣接した、近辺の
**emergency** [imə́:rdʒənsi]········緊急事態

**答え** (A) are asked

### 解説

**主語と動詞の一致の問題＋態を問う問題**です。

選択肢には動詞のさまざまな形が並んでいるので、動詞関連の問題だとわかります。動詞関連の問題では、複数のポイントが組み合わさっている場合も多いので、1つずつチェックします。

この英文では、現在分詞の sitting を使って主部を長くし、本当の主語をわかりにくくしています。空欄直前に exit という単数名詞を置いて間違わせようとしていますが、この英文の主語は、複数名詞 passengers です。空欄直前の単数名詞の exit ではありません。

また、主語と動詞の意味のつながりを考えると受動態にしなければならないことがわかります。主語が複数形なので be 動詞は are にし、受動態なので過去分詞を使わなければならないため、**正解は**(A)の **are asked** になります。

### 問題文の訳

飛行機の非常口の隣に座っている乗客は、緊急事態の際には協力を求められます。

---

**この問題のポイント**　「主語と動詞の一致の問題」に、受動態か能動態かを問う「態を問う問題」が組み合わされています。

# 第8問

Lesson3 そろそろ慣れた？20問 108-109

できたら…○
できなかったら…×

**次の選択肢の中から正しいものを選びなさい。**

Article 3 of the agreement clearly states that no one is authorized to copy any part of the textbook ( ) written permission from the author.

(A) under
(B) except
(C) without
(D) up to

---

#### 単 語 の 意 味

**article** [áːrtikl] ……………………条項、項目、記事
**agreement** [əgríːmənt] …………協定、取り決め、契約
**state** [stéit] …………………………述べる、はっきり言う
**authorize** [ɔ́ːθəràiz] ………………許可する、認める
**written permission** ……………書面による許可、許可証
**author** [ɔ́ːθər] ………………………著者、作者

## 答え (C) without

### 解説

**前置詞の問題**です。
選択肢には前置詞が並んでいるので、前置詞の問題だとわかります。

「契約事項の第3項に、著者から書面による許諾〜、本テキストのいかなる部分もコピーすることは一切認められないと明記されている」という意味の英文の「〜」部分にどの前置詞を入れれば文意が通るかを考えます。
(C)の <u>without</u>「〜なしで、〜がなければ」であれば、「著者の書面による許可がなければ」と英文の意味がつながります。

**without written permission「書面による許可がなければ」**
という表現はビジネス関連の英文で頻繁に使われます。間違って(B)の except を選んだ人がいるかと思いますが、except を前置詞として使う場合は「〜を除いて、〜以外は」という意味になるのでここでは不適切です。

### 問題文の訳

契約事項の第3項に、著者から書面による許諾を得ていなければ、本テキストのいかなる部分もコピーすることは一切認められないと明記されています。

---

**この問題のポイント**

without written permission は「書面による許可がなければ」という意味の表現で、ビジネス関連の英文でよく使われます。

# 第 9 問

Lesson3 そろそろ慣れた？20問 110-111

できたら…○
できなかったら…×

**次の選択肢の中から正しいものを選びなさい。**

Candidates wishing to participate in this clinical trial must first submit to a comprehensive medical checkup and receive a doctor's signed ( ).

(A) approving
(B) approve
(C) approval
(D) approver

---

### 単語の意味

**candidate** [kǽndədèit] ……………… 志願者、候補者
**clinical trial** …………………………… 臨床試験、治験実験
**submit to ~** …………………………… ~（検査など）を受ける
**comprehensive** [kàmprihénsiv] … 総合的な、広範囲の
**medical checkup** …………………… 健康診断

答え (C) approval

### 解説

**名詞の問題**です。

選択肢に似た形の単語が並んでいるので、品詞の問題かもしれないと考えましょう。品詞の問題では空欄前後が重要になります。

空欄直前の signed は「署名された」という意味の形容詞です。形容詞が修飾するのは名詞なので、(C)の **approval** が正解です。

signed が形容詞だとわからない人は、signed は -ed の形なので元は過去分詞で、分詞は形容詞の働きをするので形容詞が修飾する名詞の approval を選べばいい、と考えるといいでしょう。

#### 問題文の訳

この臨床試験に参加を希望する人は、まず、総合的な健康診断を受け、医師から署名付きの承諾書をもらわなければなりません。

---

この問題のポイント　　形容詞が修飾するのは名詞です。

# 第10問 (NEW)

Lesson3 そろそろ慣れた？20問 112-113

できたら…○
できなかったら…×

**次の選択肢の中から正しいものを選びなさい。**

The university is (　　) largely through the local government, but additional support is received in the form of individual donations.

(A) fund
(B) funds
(C) funding
(D) funded

---

### 単語の意味

**largely** [láːrdʒli]・・・・・・・・・・・・・・・大部分は、主として
**through** [θrúː]・・・・・・・・・・・・・・・〜を通じて、〜を通して
**additional** [ədíʃənl]・・・・・・・・・・・追加の
**donation** [dounéiʃən]・・・・・・・・・寄付、献金

### 答え (D) funded

#### 解説

**態を問う問題**です。

主語である The university の後ろに be 動詞の is が続いていて、かつ選択肢に過去分詞と現在分詞が並んでいるので、能動態か受動態かを問う問題だと推測できます。

be 動詞の後ろなので(A)の動詞の原形を使うのであれば is to と不定詞が続くはずです。

(B)の funds は直前に is があるので動詞の fund に三人称単数現在の s がついたものだとは考えられません。可能性があるとすると名詞の funds「資金」ですが、それでは「大学＝資金」と意味がつながりません。

この英文が進行形（能動態）であれば(C)funding が、受動態であれば(D)funded が正解です。どちらが正解かは主語と動詞の意味的な関係を考えればわかります。

**主語は The university です。「その大学は資金を提供されている」と受動態にすれば文意が通ります。(D)の <u>funded</u> が正解です。**

「態を問う問題」は頻出問題です。

#### 問題文の訳

その大学は主に地元政府によって資金提供が行なわれていますが、個人献金の形で追加支援を受けています。

---

**この問題のポイント** 　能動態か受動態かの「態を問う問題」では主語と動詞の意味上の関係を考えて判断します。

# 第11問

Lesson3 そろそろ慣れた？20問 114-115

できたら…○
できなかったら…×

**次の選択肢の中から正しいものを選びなさい。**

Each evaluation report (　　) to headquarters is reviewed extensively by Human Resources department.

(A) submit
(B) submitting
(C) submitted
(D) submission

---
### 単語の意味

**evaluation** [ivæljuéiʃən]…………評価
**review** [rivjúː]……………………精査する、審査する、再検討する
**extensively** [iksténsivli]…………広く、広範囲にわたって

**答え** (C) submitted

### 解説

**分詞の問題**です。

**分詞には現在分詞(-ing)と過去分詞(-ed)があります。両方とも形容詞的に用いられます。**

分詞は形容詞の働きをするので名詞を修飾します。**現在分詞は「〜している、〜する」という能動的な意味になり、過去分詞は「〜された、〜される」という受動的な意味になる場合が多いです。**

空欄の前後は「提出された評価報告書」とつなげるのが自然だとわかります。「〜された、〜される」という**受動的な意味は過去分詞で表わされますので**、(C)の <u>submitted</u> が正解です。

分詞には、修飾する「名詞の前に来る」用法と、「名詞の後ろに来る」用法があります。この英文では名詞の後ろに置いて、前の名詞を修飾しています。

### 問題文の訳

本社に提出されたそれぞれの評価報告書は人事部によって詳しく審査されます。

---

**この問題のポイント**　分詞は形容詞の働きをし、名詞を修飾します。「〜された、〜される」と受動的な意味になる場合には過去分詞を使います。

# 第12問

次の選択肢の中から正しいものを選びなさい。

The venture capitalist (　　) in the game company at the beginning of next year because it shows much potential.

(A) invests
(B) invested
(C) will invest
(D) has invested

---

### 単語の意味

**venture capitalist** ……………… ベンチャーキャピタリスト、
　　　　　　　　　　　　　　　　ベンチャー事業への投資家
**potential** [pəténʃəl] ……………… 可能性、潜在性

### 答え (C) will invest

### 解説

**時制の問題**です。
選択肢にはさまざまな時制の動詞が並んでいるので時制の問題だとわかります。

文中から時制を決めるヒントになりそうな表現を探します。英文のまん中あたりに、**at the beginning of next year「来年の初めに」**という表現があるので、未来形である(C)の **will invest** を選べばいいとわかります。

時制の問題では、時制を決めるヒントになる単語や表現を早く見つけることが大事です。

### 問題文の訳

そのベンチャー投資家は、高い将来性を示しているという理由で、来年初めに、そのゲーム会社に投資します。

**この問題のポイント**   at the beginning of next year は「来年の初めに」という意味なので、時制は未来形を使います。

第13問 NEW

Lesson3 そろそろ慣れた？20問 118-119

できたら…○
できなかったら…×

**次の選択肢の中から正しいものを選びなさい。**

Over the past decade, Grey Graphics Inc. (　　) very high standards for itself and pushed its competitors to do the same.

- (A) has set
- (B) sets
- (C) will be setting
- (D) set

---

#### 単語の意味

**decade** [dékeid]············10年、10年間
**set a standard**············基準を定める
**competitor** [kəmpétətər]········競合他社、競争相手

**答え** (A) has set

### 解説

**現在完了形の問題**です。

**ヒントは文頭の over the past decade** という表現です。**「過去 10 年にわたって」**という意味で、現在と過去をつなぐ期間を表わしています。

過去とつなげて現在の状況を表わす場合（期間がある場合）には**現在完了形を使います。**したがって、(A) の <u>has set</u> が**正解**です。

現在完了形の問題で、ヒントとなる表現には、他にも in recent years「近年」、for the last ～ years「過去～年間」などがあります。

#### 問題文の訳

過去 10 年間にわたってグレイグラフィックス社は自社に高い基準を設けてきましたし、競合他社にも同様のことを強要してきました。

---

**この問題のポイント**　over the past decade のように、過去と現在をつなぐ期間を表わす表現がある場合には現在完了形を使います。

# 第 14 問 NEW

次の選択肢の中から正しいものを選びなさい。

Although Champions gym on Woods Avenue has been open for (　　) one year, it already has over 400 active members.

(A) yet
(B) hardly
(C) just
(D) still

---

### 単 語 の 意 味

**although** [ɔːlðóu] ……………………〜だけれども、〜にもかかわらず
**gym** [dʒím] ……………………………スポーツクラブ、体育館

答え (C) just

### 解説

**適切な意味の副詞を選ぶ問題です。**

選択肢には簡単な副詞が並んでいるので、どの副詞が正解かを選ぶ問題だとわかります。どれが正解かを判断するには英文の意味を考えなければなりません。

(C)**just**「〜だけ」を入れれば「開業してわずか1年にもかかわらず、現役会員がすでに400名を超えている」となり、文意が通ります。

**just は「〜だけ」以外にも「ちょうど」という意味でもよく使われる副詞です。**
(A)yet「まだ」、(B)hardly「ほとんど〜ない」、(D)still「すでに」では文意が通りません。

文意を考えて簡単な副詞を選ぶ問題では、他にも almost「ほとんど」、already「すでに」、always「いつも」、still「まだ、今もなお」yet「まだ、今のところは」などさまざまな副詞が出題されています。

### 問題文の訳

ウッズアベニューにあるチャンピオンスポーツクラブは開業してわずか1年にもかかわらず、現役会員がすでに400名を超えています。

**この問題のポイント** just は「〜だけ、ちょうど」という意味の副詞です。

# 第15問

Lesson3 そろそろ慣れた？20問 122-123

できたら…○
できなかったら…×

**次の選択肢の中から正しいものを選びなさい。**

( ) the company decides to continue its rapid expansion throughout Western Europe, it will need to carefully consider how it plans to raise funds.

(A) If
(B) Whether
(C) Even
(D) Because

---

### 単 語 の 意 味

**rapid** [rǽpid] ················· 急速な、迅速な
**expansion** [ikspǽnʃən] ········· 拡大、発展
**throughout** [θruáut] ··········· 〜の至るところに、〜の間中
**consider** [kənsídər] ············ よく考える、熟考する
**raise funds** ··················· 資金（資本）を調達する

## 答え (A) If

### 解説

**接続詞の問題**です。

コンマの前後はともに節です。**節と節を結ぶのは接続詞**なので、副詞である(C)Even は選べません。

次に、英文の意味を考えます。
空欄以降コンマまででは、「会社が、西ヨーロッパ全域において、引き続き急速な事業拡大を行なうと決定する」と、コンマ以降で「いかにして資金調達の計画を立てるかを慎重に検討する必要があるだろう」と書かれています。

この 2 つの節を結んで意味が通る接続詞は(A)**If「もし〜ならば」**だけです。主節に will が使われているので、従属節は現在形で条件を表わす if で始まる英文ではないかと推測できます。この will も大きなヒントです。

### 問題文の訳

会社が、西ヨーロッパ全域において、引き続き急速な事業拡大を行なうと決定するのであれば、いかにして資金調達の計画を立てるかを慎重に検討する必要があるでしょう。

---

**この問題のポイント** 　節と節を結ぶ場合には、接続詞を使います。If「もし〜ならば」は条件を表わす接続詞です。

# 第16問

**次の選択肢の中から正しいものを選びなさい。**

The company is so ( ) about the demand for its new product that it has added a midnight shift to its production line.

(A) confidence
(B) confident
(C) confide
(D) confidently

---

### 単語の意味

**demand** [dimǽnd]・・・・・・・・・・・・・・・・・・ 需要
**product** [prɑ́dəkt]・・・・・・・・・・・・・・・・・ 製品、生産品
**add** [ǽd]・・・・・・・・・・・・・・・・・・・・・・・・・・・・・ 加える
**midnight shift**・・・・・・・・・・・・・・・・・・・ 深夜勤務
**production line**・・・・・・・・・・・・・・・・・ 生産ライン

### 答え (B) confident

#### 解説

**形容詞の問題**です。

選択肢に似た形の語が並んでいるので、品詞の問題かもしれないと考えましょう。品詞の問題の場合、空欄前後が重要です。

この英文では空欄直前に副詞の so があり、少し後ろに接続詞の that があります。この「so … that ～」が大きなヒントになります。

**so … that ～は「とても…なので～する/だ」という意味で**よく使われます。この so は副詞の so ですが、**so の後ろには形容詞か副詞**しか置けません。形容詞が入るのか副詞が入るのかは、動詞で判断します。

**使われている動詞が be 動詞の場合は形容詞を、（第 2 文型を作る不完全自動詞を除く）一般動詞の場合は副詞を使います**。この英文の動詞は is（be 動詞）なので、**形容詞である**(B)の <u>confident</u> **が正解**です。

#### 問題文の訳

その会社は、新製品には高い需要があると自信を持っているので、生産ラインに深夜シフトを追加しました。

---

**この問題のポイント**

so … that ～で「とても…なので～する/だ」という意味になり、so の後ろには形容詞か副詞が続きます。使われている動詞が be 動詞のときは形容詞を、（第 2 文型を作る不完全自動詞を除く）一般動詞のときは副詞を入れます。

# 第17問

Lesson3 そろそろ慣れた？20問 126-127

できたら…○
できなかったら…×

次の選択肢の中から正しいものを選びなさい。

Carson Motors announced plans to expand operations throughout the country and expects the number of its dealers to grow by 30 percent ( ) the next five years.

(A) towards
(B) over
(C) across
(D) along

---

### 単語の意味

**expand** [ikspǽnd]················拡大する、広げる
**operation** [àpəréiʃən]···············業務、事業、営業活動
**throughout** [θru(:)áut]··············〜の至るところに、〜の間中
**dealer** [díːlər]·························販売店、販売担当者、ディーラー

### 答え (B) over

### 解説

**前置詞の問題**です。
選択肢には前置詞が並んでいるので、前置詞の問題だとわかります。

「カーソンモーターズ社は国中の業務を拡大する計画を発表し、販売店の数が今後5年〜30パーセント増やしたいと考えている」と書かれているので、( ) the next five years で、「今後5年間で」という意味になるようにすればいいとわかります。

(B)の **over** にはさまざまな意味があり、その中の1つが **「〜の間、〜にわたって」** です。空欄にこのoverを入れれば「次の5年間で」と、英文の意味がつながります。
この英文で使われている over the next 〜「次の〜で」という表現はよく使われるので、このかたまりで覚えるのもいいでしょう。

overには「〜を超えて」や、「〜より上で」という意味もあり、これらの意味でのoverを問う問題も過去に出題されています。

### 問題文の訳

カーソンモーターズ社は、事業の全国展開を計画しており、今後5年間で販売店数を30パーセント増加させたいと考えています。

### この問題のポイント

overは「〜の間、〜にわたって」と期間を表わします。

# 第18問

Lesson3 そろそろ慣れた？ 20問 128-129

できたら…○
できなかったら…×

次の選択肢の中から正しいものを選びなさい。

If you would like to have a visitor's pass for the entire week of your visit, you can obtain (　　) by filling out an application form.

(A) one
(B) any
(C) every
(D) none

---

### 単語の意味

**entire** [entáiər] ……………… 全体の、全部の
**obtain** [əbtéin] ……………… 得る、取得する
**fill out** ……………………… （必要事項を）書き入れる、記入する
**application form** …………… 申込書、申込用紙

### 答え (A) one

#### 解説

**代名詞の問題**です。

空欄までで「滞在される週を通して有効な入館許可証の利用をご希望の方は〜を入手できる」と言っています。「〜」に入るのは a visitor's pass「入館許可証」を指す語だとわかります。

a visitor's pass を指す代名詞を入れればいいので、(A) の **one が正解**だとわかります。

**one は「人、物」を指す代名詞**で、ここでは「物」という意味で使われています。

代名詞の one はすでに使われた名詞の繰り返しを避けるときに使われます。

不特定の1つのものを指すときには one を、特定の1つのものを指すときには it を使います。

#### 問題文の訳

滞在される週を通して有効な入館許可証の利用をご希望の方は、申請書に必要事項をご記入いただければ、お受け取りになれます。

---

**この問題のポイント** — one は「人、物」を指す代名詞で、すでに使われた名詞の繰り返しを避けるときに使われます。

# 第19問

次の選択肢の中から正しいものを選びなさい。

In order to obtain government approval for new drugs, 10 years of clinical trials may be necessary ( ) stringent regulations.

    (A) during
    (B) unless
    (C) due to
    (D) in spite of

## 単語の意味

**in order to ～**……………………～するために
**obtain** [əbtéin]……………………得る、取得する
**approval** [əprúːvl]………………承認、認可
**clinical trial**………………………臨床試験
**stringent** [stríndʒənt]……………厳しい、厳格な
**regulation(s)** [règjəléiʃən(z)]…規制、規定

**答え** (C) due to

### 解説

**群前置詞の問題**です。
選択肢には前置詞、群前置詞、接続詞が並んでいます。
空欄の後ろが節 [S(主語) + V(動詞)] の場合には接続詞が、名詞や名詞句の場合には前置詞か群前置詞が入ります。

この英文では**空欄後が stringent regulations と名詞句になっているので前置詞か群前置詞が正解**になります。つまり、前置詞の(A)during「〜の間ずっと」、群前置詞である(C) due to「〜が原因で、〜のせいで」と、(D)in spite of「〜にもかかわらず」のうちのいずれかが正解だということです。

次に、意味を考えます。「新薬に対する政府の承認を得るには、厳しい規制〜10年の臨床試験が必要かもしれない」という意味の英文で、「〜」部分に入れて文意が通るのは上記3つのうちどれなのかを考えます。
(C)の <u>due to</u> **「〜が原因で、〜のせいで」であれば文意が通ります。**

<u>同じ意味の群前置詞に because of や on account of があり、これらの表現も出題されています。</u>

### 問題文の訳

新薬に対する政府の承認を得るには、厳しい規制があるため10年の臨床試験が必要になることもあります。

---

**この問題のポイント**

due to は「〜が原因で、〜のせいで」という意味の群前置詞で、because of や on account of と意味も使い方も同じです。

# 第20問

Lesson3 そろそろ慣れた？20問 132-133

できたら…○
できなかったら…×

次の選択肢の中から正しいものを選びなさい。

The number of foreign companies coming into Japan is expected to increase by 20 percent ( ) corporate taxes are reduced by 15 percent.

(A) provided that
(B) otherwise
(C) even so
(D) so that

---

### 単語の意味

**corporate tax**······················法人税
**reduce** [rid(j)úːs]······················引き下げる、削減する

**答え** (A) provided that

### 解説

**接続詞の問題**です。

空欄前も空欄後も節 [S(主語) + V(動詞)] なので、節と節を結ぶ接続詞を入れればいいとわかります。

空欄後で「法人税を 15 パーセント下げる」と言っていて、空欄前で「日本に進出してくる外国企業の数は 20 パーセント増加すると見込まれる」と言っているので、空欄には「もしも」という意味の接続詞を入れれば英文がつながります。したがって、(A) の **provided that** が正解です。

**provided that には接続詞としての働きがあり、「もし〜ならば」という意味**で、接続詞の if と同じような使い方をします。that が省略されることもあります。

契約書のような少しフォーマルな英文でよく使われる表現です。
(B) otherwise「さもなければ」、(C) even so「たとえそうでも」、(D) so that「〜するように」では文意が通りません。

#### 問題文の訳

法人税を 15 パーセント下げれば、日本に進出してくる外国企業の数は 20 パーセント増加すると見込まれます。

---

**この問題のポイント**　provided that には接続詞としての働きがあり、「もし〜ならば」という意味になります。

TOEIC® LISTENING
AND READING TEST

### Lesson 4

ぐんぐん力が
ついてきた！

# 20問

# 第 1 問

次の選択肢の中から正しいものを選びなさい。

After sales had grown, the factory improved the machinery, and production capacity was increased ( ) 50 percent.

(A) at
(B) in
(C) by
(D) for

---

### 単語の意味

**improve** [imprúːv] ………………… 改善する、改良する
**production capacity** ………… 生産能力、製造能力

**答え** (C) by

### 解説

**前置詞の問題**です。

選択肢には前置詞が並んでいます。英文の意味を考えてどれであれば文意が通るかを考えます。

空欄前後を読むと「生産能力が50パーセント増加した」と言いたいのだろうと推測できます。**「〜パーセント分増加する／減少する」という場合には前置詞の by を使います。**前置詞の by にはさまざまな意味と使い方があります。その1つに**差異を表わす by** があります。

ビジネス関連のレポートでは頻繁に使われるため、普段から仕事で英文を読んでいる人にとっては簡単な問題です。

#### 問題文の訳

売上が伸びたので、その工場では機械設備の改良を行ない、生産能力が50パーセント拡大しました。

---

**この問題のポイント** 「〜パーセント増える／減る」という場合には前置詞の by を使います。

## 第2問 NEW

Lesson4 ぐんぐん力がついてきた！20問 138-139

できたら…○
できなかったら…×

次の選択肢の中から正しいものを選びなさい。

The e-mail that was sent to all employees this morning indicated that the photocopier (    ) by the end of business today.

(A) will be fixed
(B) is fixing
(C) to be fixed
(D) has fixed

---

### 単語の意味

**employee** [implɔ́ii:] ……………… 従業員、会社員
**indicate** [índəkéit] ……………… 知らせる、指し示す、指摘する
**photocopier** [fóutouká:piər] …… コピー機

### 答え　(A) will be fixed

#### 解説

**時制の問題＋態を問う問題**です。

選択肢には動詞のさまざまな形が並んでいるので、動詞関連の問題だとわかります。

動詞関連の問題では、複数のポイントを問う問題が組み合わさっている場合も多いので、1つずつチェックします。

まず、時制について考えます。
**文末に by the end of business today「本日の営業終了時までに」と未来を表わす表現があるので、接続詞 that 以降の時制は未来形になる**とわかります。

次に、態をチェックします。
進行形である(B)の is fixing も近い未来の予定を表わしますが、**主語がコピー機なので、動詞 fix「修理する」は受動態でなければなりません。**

**未来時制で受動態の(A) will be fixed が正解**です。

#### 問題文の訳

今朝全従業員に送られたメールには、コピー機は本日の営業終了時までに修理されると記されていました。

---

**この問題のポイント**　　by the end of business today と未来を表わす表現があるので動詞の時制は未来形、また、主語と動詞の意味の関係を考えれば動詞は受動態でなければなりません。

# 第3問

Lesson4 ぐんぐん力がついてきた！20問 140-141

できたら…〇
できなかったら…×

次の選択肢の中から正しいものを選びなさい。

( ) the poor domestic economy, the company continued to increase profits in all areas.

(A) In spite
(B) Concerning
(C) Notwithstanding
(D) Needless to say

---

#### 単語の意味

**domestic economy** ……………… 国内経済
**profit** [práfət] ……………………… 利益、収益
**area** [éəriə] ………………………… 分野、領域

**答え** (C) Notwithstanding

### 解説

**前置詞の問題**です。
空欄後からコンマまでが名詞句なので、空欄には前置詞を入れればいいとわかります。
前置詞は(B)の Concerning「〜に関して」と(C)の Notwithstanding「〜にもかかわらず」です。(A)には In spite of と of が必要です。(D)が正解であれば後ろに節が続いていなければいけません。

次に、concerning と notwithstanding のどちらが正解かを判断するために意味を考えます。
空欄後からコンマまでで「低迷する国内経済」と、コンマ以後では「その会社はすべての分野で増益を続けていた」と言っています。これらをつなげて意味が通るのは(C)の **Notwithstanding「〜にもかかわらず」**です。

**前置詞の despite と同じ意味**ですが、契約書などのようなフォーマルな英文でよく使われる単語です。高得点を狙う人は、ややフォーマルなビジネス関連の英文を読むようにしましょう。

### 問題文の訳

国内経済が低迷しているにもかかわらず、その会社はすべての分野で増益を続けていました。

---

**この問題のポイント** notwithstanding は「〜にもかかわらず」という意味の前置詞です。

# 第4問

Lesson4 ぐんぐん力がついてきた！20問 142-143

できたら…○
できなかったら…×

次の選択肢の中から正しいものを選びなさい。

To make the production procedures more efficient and (     ), the company hired a reputable consultant.

(A) rely
(B) relying
(C) reliable
(D) relied

---

### 単 語 の 意 味

**production** [prədʌ́kʃən] ……… 生産、製造
**procedure** [prəsíːdʒər] ………… 手順、手続き
**efficient** [ifíʃənt] ………………… 効率的な、有効な
**reputable** [répjətəbl] …………… 評判のよい、立派な

### 答え (C) reliable

#### 解説

**形容詞の問題**です。
文頭からコンマまでは、[make + O(目的語) + C(補語)]の形になっていて、「OをCにする」という意味になります。

**補語には形容詞が入ることが多い**のですが、ここでは補語の部分に形容詞が2つ並び、それらがさらに比較級になっています。
したがって、**形容詞の(C) reliable「信頼できる」**を入れれば正しい英文になります。

もとの形は、more efficient and more reliable ですが、重複をさけるために reliable の前の more が省略され、more efficient and reliable となっているのです。

#### 問題文の訳

製造手順の効率と信頼性を高めるため、その会社では評判の高いコンサルタントを雇いました。

---

**この問題のポイント** — [make + O(目的語) + C(補語)]の構文の、補語の部分に2つの形容詞が入り、かつ比較級になっています。

# 第5問

Lesson4 ぐんぐん力がついてきた！20問 144-145

できたら…○
できなかったら…×

次の選択肢の中から正しいものを選びなさい。

Because the equipment in the office is outdated, the accounting department has allotted more than 500,000 dollars ( ) it next year.

- (A) replace
- (B) replacing
- (C) will replace
- (D) to replace

---

#### 単語の意味

**equipment** [ikwípmənt] ············ 設備、機器、備品
**outdated** [àutdéitid] ················ 時代遅れの、旧式の
**accounting department** ······ 経理部
**allot** [əlát] ································ 割り当てる、分配する

**答え** (D) to replace

### 解説

**動詞の形を問う問題**です。

文頭からコンマまでで「会社の設備が古くなったので」と、コンマ以降で「経理部は来年それを〜50万ドルを超える額を割り当てた」と言っています。
この「〜」部分に動詞のどの形を入れれば英文の意味が通るのかを考えれば、**「取り替えるために」という意味になる**(D)の **to replace** を入れればいいとわかります。

不定詞の to にはさまざまな意味がありますが、ここでは「〜するために」という意味で使われています。

to 不定詞については、問題文の空欄前に不定詞の to があり、「不定詞の後ろには動詞の原形が続く」というポイントを問う問題が出題されることもあります。
to 不定詞が has allotted という動詞を修飾しているので、不定詞の副詞的用法と言います。

### 問題文の訳

会社の設備が古くなったので、経理部は来年入れ替えを行なうために、50万ドルを超える予算を計上しました。

---

**この問題のポイント** — 不定詞の to の後ろには動詞の原形が続きます。不定詞の to には「〜するために」をはじめ、さまざまな意味があります。

# 第6問

Lesson4 ぐんぐん力がついてきた！20問 146-147

できたら…○
できなかったら…×

**次の選択肢の中から正しいものを選びなさい。**

New regulations (　) employee behavior prohibit employees from smoking in offices and factories.

- (A) concerning
- (B) with
- (C) related
- (D) at

---

### 単語の意味

**regulation** [règjəléiʃən] ………… 規則、規定
**behavior** [bihéivjər] ……………… ふるまい、態度、行動
**prohibit** [prouhíbət] ……………… 禁止する
**factory** [fǽktəri] …………………… 工場

### 答え (A) concerning

#### 解説

**前置詞の問題**です。

選択肢には前置詞と形容詞が並んでいます。構文を把握し、どの単語であれば文意が通るかを考えます。

この英文は、主語が New regulations (　) employee behavior で、動詞が prohibit です。したがって、New regulations「新しい規則」と employee behavior「従業員の行動」をつなぐ語を探す必要があります。

(A)の concerning と (C)の related は意味が似ていますが、related には to が必要です。したがって、1語で**「〜に関して」**を意味する前置詞の(A)**concerning** が正解となります。

前置詞の regarding も同じ意味で使われ、concerning、regarding ともに時々出題されます。一緒に覚えましょう。

#### 問題文の訳

従業員の行動規定に関する新しい規則は、彼らがオフィスや工場で喫煙することを禁止しています。

---

**この問題のポイント**　concerning は regarding と同じく、「〜に関して」という意味の前置詞です。

# 第7問

Lesson4 ぐんぐん力がついてきた！20問 148-149

できたら…○
できなかったら…×

次の選択肢の中から正しいものを選びなさい。

(　　) the company advertising campaign on television was launched, the sales results were noticeably favorable.

- (A) While
- (B) Except for
- (C) Once
- (D) Afterward

---

### 単語の意味

**launch** [lɔ́:ntʃ]……………………開始する、着手する
**noticeably** [nóutəsəbli]…………著しく、目立って
**favorable** [féivərəbl]……………有利な、順調な

**答え** (C) Once

### 解説

**接続詞の問題**です。
この英文では**節（S+V）と節（S+V）を結んでいるので、空欄には接続詞を入れなければならない**とわかります。

接続詞は(A)の While と(C)の Once だけです。while「〜の間に、だが一方」では文意が通りませんが、once であれば意味が通るので、(C)の **Once が正解**です。

once には接続詞と副詞の用法があり、**接続詞は「いったん〜すると、〜すればすぐに」**、副詞は「かつて、いったん」という意味です。
TOEIC では、主に接続詞の once が出題されます。

### 問題文の訳

その会社の広告キャンペーンがテレビで始まるとすぐに、販売実績はかなり好調になりました。

---

**この問題のポイント** 節と節を結ぶ場合には、接続詞を使います。接続詞の once は、「いったん〜すると、〜すればすぐに」という意味です。

# 第 8 問 NEW

Lesson4 ぐんぐん力がついてきた！20問 150-151

できたら…○
できなかったら…×

次の選択肢の中から正しいものを選びなさい。

The launch of the online shopping site offers (　) a convenient and reasonably-priced option when they don't have time to visit a store.

- (A) consuming
- (B) consumers
- (C) consume
- (D) consumption

---

## 単語の意味

**launch** [lɔ́:ntʃ] ……………………… 立ち上げ、開始
**site** [sáits] ……………………………… ウェブサイト、ホームページ、場所
**convenient** [kənví:njəns] ……… 便利な
**reasonably-priced** …………… 手ごろな価格の
**option** [á:pʃən] ………………………… 選択肢、選択

**答え** (B) consumers

### 解説

**名詞の問題**です。

選択肢に似た形の単語が並んでいるので、品詞の問題かもしれないと考えます。品詞の問題の場合、空欄前後が重要です。

この問題文は、S+V+O+O という第4文型の英文です。

**第4文型の英文では、他動詞の後ろに目的語が2つ続きますが、最初の目的語が「人など」で、その後ろが「物など」という順序になります。**

空欄に入るのが最初の目的語で、もう1つの目的語 a convenient and reasonably-priced option「便利で手ごろな価格の品物が購入できる選択肢」がその後ろに続いています。目的語は名詞です。選択肢の中で名詞は(B)consumers「消費者」と(D)consumption「消費」です。文脈上、option を与える対象は人だとわかるので(B)の **consumers** が正解です。

第4文型をとることのできる動詞には、他にも、give、bring、sell、send、tell、teach などがあります。

#### 問題文の訳

そのオンラインショッピングサイトの開設により、店舗を訪れる時間がないとき、消費者に便利で手ごろな価格の品物が購入できる選択肢を提供します。

---

**この問題のポイント** 第4文型の英文では他動詞の後ろに目的語が2つ続き、「人など」「物など」の順になります。

# 第9問

Lesson4 ぐんぐん力がついてきた！20問 152-153

できたら…◯
できなかったら…×

**次の選択肢の中から正しいものを選びなさい。**

The Sales Representative of the Year award will be given to the person (　　) has the highest sales revenue companywide.

(A) which
(B) who
(C) whose
(D) what

---

### 単 語 の 意 味

**sales representative**………営業担当者、販売員
**award** [əwɔ́ːrd]………………………賞、与える
**sales revenue**………………総売上高、売上収益

### 答え (B) who

#### 解説

**関係代名詞の問題**です。
選択肢に関係代名詞が並んでいるので、関係代名詞の問題ではないかと考えます。

関係代名詞の問題だとすれば、空欄に入る関係代名詞の**先行詞は、空欄の直前の the person です。先行詞は人であり、物ではありません。**
また、**この先行詞が、空欄直後の has 以下の英文の主語の働きをしているので、人を先行詞とする関係代名詞の主格である**(B)の **who** を入れればいいということがわかります。

主格の関係代名詞を選ぶ問題で、先行詞が物の場合には関係代名詞の which か that を使います。

#### 問題文の訳

「年間営業担当者賞」は、社内で最も高い売上高を達成した人に贈られます。

---

**この問題のポイント** 先行詞が人で、その先行詞が空欄直後の英文の主語の働きをしている場合には、主格の関係代名詞である who を使います。

# 第10問

次の選択肢の中から正しいものを選びなさい。

Despite the fact that (　) was known about the governor's background, he soon emerged as the strongest candidate in the presidential election.

(A) few
(B) much
(C) many
(D) little

---

### 単語の意味

**background** [bǽkgràund] ……… 経歴、素性、背景
**emerge** [imə́ːrdʒ] ………………… 現われる、出てくる
**candidate** [kǽndədèit] ………… 候補者
**presidential election** ………… 大統領選挙

### 答え (D) little

#### 解説

**不可算名詞の問題**です。

接続詞 that 以下を見ると、空欄の後ろに動詞部分 was known があるので、**空欄には主語となる名詞か代名詞が入る**とわかります。few は代名詞、much、many、little は名詞です。

**空欄に入るのは、その州知事の経歴について知られていることを表わす語なので、不可算名詞でなければなりません。**不可算名詞は (B) の much と (D) の little です。

英文の意味を考えると「経歴についてほとんど知られていないにもかかわらず」としなければならないとわかります。したがって、**「(否定的に) ほんのわずかしかないこと」という意味の (D) の little が正解**です。

#### 問題文の訳

経歴についてはほとんど知られていなかったにもかかわらず、その州知事はたちまち大統領選挙での最有力候補として浮上しました。

---

**この問題のポイント**

不可算名詞の little は「ほんのわずかしかないこと」という意味で使われます。little には他にも形容詞や副詞の用法があります。

# 第11問

Lesson4 ぐんぐん力がついてきた！20問 156-157

できたら…○
できなかったら…×

**次の選択肢の中から正しいものを選びなさい。**

Mr. Sato ( ) environmental pollution for 30 years by the time he retires in 2030.

- (A) has researched
- (B) will research
- (C) will have researched
- (D) had researched

---

### 単語の意味

**environmental** [envàiərnméntl]…環境の
**pollution** [pəlúːʃən]……………………汚染、公害
**retire** [ritáiər]………………………………退職する、退く

**答え** (C) will have researched

### 解説

**未来完了形の問題**です。
選択肢を見るとさまざまな時制の動詞が並んでいるので、「時制を問う問題」ではないかと推測できます。

英文中から時制のヒントになる箇所を探すと、文末に by the time he retires in 2030「彼が 2030 年に退職するまでに」と未来の一時点を表わす表現が見つかります。
英文の意味を考えると、「2030 年に彼が退職する時までには、佐藤さんは環境汚染の研究を 30 年間行なうことになる」と、未来の一時点までの動作の継続を表わしている英文だとわかります。

**未来のある時点における動作の完了や継続を表わす場合には未来完了形を使います。未来完了形の形は [will + have + 過去分詞] なので、(C)の will have researched が正解だ**とわかります。

### 問題文の訳

佐藤さんは 2030 年に定年退職する時までには、環境汚染の研究を 30 年間行なうことになります。

---

**この問題のポイント**

未来のある時点における動作の完了や継続を表わす場合には未来完了形を使います。未来完了形は「will + have +過去分詞」の形になります。

# 第12問

次の選択肢の中から正しいものを選びなさい。

( ) competition from foreign companies has been cited as a primary reason that many domestic companies are falling short of their financial targets for this year.

(A) Grow
(B) Grown
(C) Growth
(D) Growing

---

### 単語の意味

**competition** [kàmpətíʃən] ……… 競争
**cite** [sáit] ……………………………（理由として）挙げる
**primary** [práimèri] ………………… 主要な、第一の
**target** [tá:rgət] ……………………… 目標、ゴール

**答え** (D) Growing

### 解説

**分詞の問題**です。
**分詞には現在分詞（-ing）と過去分詞（-ed）があり形容詞的に用いられます。現在分詞は「～している、～する」という能動的な意味になり、過去分詞は「～された、～される」という受動的な意味になります。**

分詞の使い方としては、修飾する「名詞の前に来る」用法と、「名詞の後ろに来る」用法があります。この英文の場合は、修飾する名詞の前に来る用法です。

分詞は形容詞の働きをするので名詞を修飾します。
「増大している競争」とすれば文意が通るので**現在分詞である**(D)の **Growing が正解**だとわかります。

分詞の中にはすでに形容詞になっているものもあります。growing は「増大する、成長する」という意味の形容詞です。どの分詞が形容詞になっていて、どの分詞がなっていないのかの判断は難しいので、形容詞の問題としてではなく分詞の問題として考えるほうが簡単です。

#### 問題文の訳

多くの国内企業が今年の売上目標を達成していない主な原因は、外国企業との高まる競争のせいだと言われています。

---

**この問題のポイント** 「～している、～する」と能動的な意味になる場合には現在分詞（-ing）を使います。

# 第13問

**次の選択肢の中から正しいものを選びなさい。**

After listening to the complete report of the planning committee's proposal for a new factory, the board of directors ( ) endorsed it.

(A) enthusiastically
(B) enthusiastic
(C) enthusiasm
(D) enthusiast

---

### 単語の意味

**complete** [kəmplíːt] ················ 完全な、完結した
**planning committee** ············ 実行委員会、計画委員会
**proposal** [prəpóuzl] ················ 提案、提案書
**board of directors** ·············· 取締役会、役員会
**endorse** [endɔ́ːrs] ················ 支持する、承認する

### 答え (A) enthusiastically

#### 解説

**副詞の問題**です。

選択肢の形が似ているので、品詞の問題かもしれないと考えましょう。品詞の問題の場合、空欄前後が重要になります。

**コンマ以降の英文（主節）の主語は the board of directors で、動詞が endorsed「〜を支持した」です。動詞の直前に空欄があるので、空欄には動詞を修飾する副詞を入れればいいとわかります。したがって、正解は(A)の enthusiastically「熱心に、熱烈に」**です。

副詞を選ぶ問題にはいろいろなタイプがありますが、この設問はそれらの中では一番簡単な問題です。enthusiasticallyは、副詞を選ばせる問題でよく使われる単語です。

#### 問題文の訳

取締役会は、実行委員会の新工場の提案に関する詳細な報告を聞き、その提案を熱心に支持しました。

---

この問題のポイント

動詞を修飾するのは副詞です。

第14問

Lesson4 ぐんぐん力がついてきた！20問 162-163

できたら…○
できなかったら…×

次の選択肢の中から正しいものを選びなさい。

(　　) desiring more information regarding this product should send an e-mail to company headquarters.

(A) Whoever
(B) Anyone
(C) That
(D) Who

単 語 の 意 味

**desire** [dizáiər] ……………………望む、欲する
**regarding** [rigá:rdiŋ] ……………～に関して
**headquarters** [hédkwò:rtərz] …本社、本部

**答え** (B) Anyone

### 解説

**代名詞の問題**です。

空欄の後ろに現在分詞 desiring が続いています。この desiring は現在分詞なので形容詞の働きをし、空欄に入る名詞を後ろから修飾しています。

選択肢の中で名詞の働きをし、文意が通るのは(B)の**代名詞 Anyone「誰でも」**だけです。anyone は代名詞なので名詞の働きをします。この英文では、desiring から product までが空欄に入る代名詞の Anyone を修飾しています。

(A) の Whoever を選んだ人もいるかと思いますが、whoever は複合関係代名詞で、anyone who の意味になり、現在分詞を続けることはできないのでここでは使えません。

ちなみに、anyone who「~する人は誰でも」という表現の anyone を問う問題も出題されています。

### 問題文の訳

この製品に関してより詳しい情報を希望する方は、当社にメールをお送りください。

---

**この問題のポイント**　anyone は代名詞なので名詞の働きをし、「誰でも」という意味になります。

# 第15問

Lesson4 ぐんぐん力がついてきた！20問 164-165

できたら…○
できなかったら…×

**次の選択肢の中から正しいものを選びなさい。**

Office procedures were changed drastically so that orders coming into the office could be processed more (    ).

(A) efficiency
(B) efficience
(C) efficient
(D) efficiently

---

### 単語の意味

**procedure** [prəsí:dʒər] ············ 手順、手続き
**drastically** [drǽstikli] ············ 徹底的に、思い切って
**so that 〜** ························· 〜するように
**process** [práses] ···················· 処理する

**答え** (D) efficiently

### 解説

**副詞の問題**です。

選択肢に似た形の単語が並んでいるので、品詞の問題かもしれないと考えます。品詞の問題の場合、空欄前後が重要になります。

**空欄前は、be processed と、動詞の受動態になっています。動詞を修飾するのは副詞です。副詞の(D)efficiently「効率的に」を入れれば正しい英文になります。**

この問題を難しくしているのは、空欄に入る副詞が比較級になっている点です。
間違いを誘おうと、形容詞や副詞が入る箇所が比較級や最上級になっているのです。このようなタイプの問題は時々出題されます。比較級や最上級になっていてもポイントさえわかれば簡単です。

### 問題文の訳

事務所に入る注文をより効率的に処理できるよう、事務手順が大きく変更されました。

---

この問題のポイント　　空欄前が be processed と動詞の受動態になっています。動詞を修飾するのは副詞です。ここでは副詞部分が比較級になっています。

# 第16問

Lesson4 ぐんぐん力がついてきた！20問 166-167

できたら…○
できなかったら…×

**次の選択肢の中から正しいものを選びなさい。**

A new luxury resort hotel will be opened on the island of Saint Lucia (　) the end of next month and a grand opening celebration is being planned.

   (A) in
   (B) for
   (C) at
   (D) with

---

### 単語の意味

**luxury** [lʌ́gʒəri]……………………豪華な、高級な
**grand opening**…………………開業（の）

**答え** (C) at

### 解説

**前置詞の問題**です。

英文の前半は、「豪華なリゾートホテルがセントルシア島に来月末にオープンする」という意味になると推測できます。

この「〜に」にあたる前置詞は at です。ですから(C)の **at** を入れて、**at the end of 〜「〜の終わりに」**とすれば正しい英文になります。

at the end of や by the end of は企業の業績関連のレポートで必ず使われます。そのせいか、at the end of も by the end of も、両方とも出題されています。

「〜の終わりに」であれば前置詞 at を使い、「〜の終わりまでに」であれば前置詞 by を使います。

前置詞の問題は毎回数問ずつ出題されますが、さまざまな前置詞の使い方が問われるため、日ごろから英文を読み、その中で使われ方を覚えましょう。

### 問題文の訳

来月末、セントルシアにあるその島に新しい高級リゾートホテルがオープンすることになっており、その開業祝賀会が計画されています。

**この問題のポイント** — at the end of 〜で「〜の終わりに」という意味になります。

# 第17問 NEW

Lesson4 ぐんぐん力がついてきた！20問 168-169

できたら…○
できなかったら…×

**次の選択肢の中から正しいものを選びなさい。**

After several consecutive days of delays due to bad weather, the director (　　) filming the scene inside the studio.

(A) suggesting
(B) suggest
(C) suggestion
(D) suggested

---

### 単 語 の 意 味

**consecutive** [kənsékjətiv]……連続した、連続的な
**delay** [diléi]……遅延、遅れ
**film** [fílm]……～を撮影する

**答え** (D) suggested

### 解説

**主語と動詞の一致の問題**です。
この英文の主語は the director と単数名詞です。

**主語が単数名詞**ですから(B)の suggest は使えません。(A)の suggesting は動詞ではなく、(C)の suggestion は名詞なので、やはり不適切です。
**過去形である**(D)の <u>suggested</u> **が正解**です。

主語と動詞の一致の問題では、<u>正解を選ぶ際に現在形ばかりに目がいきがちですが、過去形にも目を向けましょう。</u>

繰り返し出題されている、一種のトリック問題です。
主語と動詞の一致の問題の場合、前置詞句や分詞を使って主部を長くし、何が主語かをわかりにくくした問題など、トリックには他にも数パターンあります。

一時期出題数が減った「主語と動詞の一致の問題」ですが、最近また出題が増えています。

### 問題文の訳

悪天候のせいで連日の遅れが生じた結果、ディレクターはその場面をスタジオ内で撮影をすることを提案しました。

### この問題のポイント

選択肢の中で単数名詞が主語の場合に使える動詞は suggested だけです。

# 第18問

Lesson4 ぐんぐん力がついてきた！20問 170-171

できたら…○
できなかったら…×

**次の選択肢の中から正しいものを選びなさい。**

Many corporations are reducing their staff (　　) other companies are hiring qualified personnel who have lost their jobs.

   (A) once
   (B) except for
   (C) whereas
   (D) much less

---

## 単語の意味

**reduce** [rid(j)úːs] ……………………削減する、減らす
**staff** [stǽf] ………………………………スタッフ、職員
**qualified personnel** …………有能な人材

**答え** (C) whereas

### 解説

**接続詞の問題**です。
**空欄前後はともに節 [S(主語) + V(動詞)] です。節と節を結ぶのは接続詞**なので、選択肢の中から接続詞を選ばなければなりません。
接続詞は(A)の once と (C)の whereas です。

次に意味を考えます。
空欄前で「多くの企業は社員を削減している」と、空欄後で「他の企業は仕事を失った有能な人材を雇用している」と言っています。
相反する2つの内容を対比させているので、**「〜であるのに対して、〜である一方で」**という意味の接続詞である(C)の **whereas** が正解です。

接続詞の whereas は、2つの物や概念を対比させて述べる場合に使われます。

### 問題文の訳

多くの企業では社員を削減していますが、一方、仕事を失った有能な人材を雇用している企業もあります。

---

**この問題のポイント**

接と接を結ぶ場合には、接続詞を使います。whereas は「〜であるのに対して、〜である一方で」という意味の接続詞です。

# 第19問

Lesson4 ぐんぐん力がついてきた！20問 172-173

できたら…○
できなかったら…×

**次の選択肢の中から正しいものを選びなさい。**

( ) of the items at the auction did not reach their expected minimal price, so they were withdrawn from the sale.

(A) None
(B) Any
(C) Several
(D) Every

---

### 単 語 の 意 味

**item** [áitəm] ·················· 品目、品物
**minimal** [mínəml] ············ 最小の、最小限の
**withdraw** [wiðdrɔ́ː] ··········· 撤退させる、手を引く

**答え** (C) Several

### 解説

**代名詞の問題**です。

**空欄の後ろに前置詞の of が続いているので、空欄には名詞の働きをするものを入れなければなりません。選択肢に名詞はありませんが、名詞の働きをする代名詞はあります。**

(A) の None「何も〜ない」は代名詞ですが、この英文の場合、後ろに did not という否定の表現があるので使えません。(B) の Any にも代名詞の用法がありますが、否定文では、any 〜 not ではなく、not 〜 any「まったく〜ない」の形が使われます。(D) の Every は形容詞なので、後ろに前置詞の of が来ることはありません。

(C) の Several には形容詞の他に代名詞としての用法があり、その場合には「いくつかの物、人」という意味になり、後ろに of the 〜 の形が続きます。したがって、(C) の <u>Several</u> が正解です。

any にも several にも、それぞれ形容詞と代名詞の両方の働きがあるので注意しましょう。

#### 問題文の訳

オークションに出した品物のいくつかは期待された最小限の価格に到達しなかったので、販売の対象からはずされました。

---

**この問題のポイント**    several には代名詞も形容詞の用法もありますが、代名詞として使われる場合は、「いくつかの物、人」という意味になります。

# 第20問

Lesson4 ぐんぐん力がついてきた！20問 174-175

できたら…○
できなかったら…×

**次の選択肢の中から正しいものを選びなさい。**

The engineers in the laboratory were told that ( ) of use was to be the most important consideration when designing the new washing machine.

(A) ease
(B) easy
(C) easing
(D) easily

---

### 単語の意味

**engineer** [endʒəníər]……………技術者
**laboratory** [lǽbərətɔ̀:ri]…………研究所、実験室
**consideration** [kənsìdəréiʃən]…考慮、考慮すべき事項
**washing machine**……………洗濯機、皿洗い機

### 答え (A) ease

#### 解説

**名詞の問題**です。

選択肢に似た形の単語が並んでいるので、品詞の問題かもしれないと考えます。品詞の問題の場合、空欄前後が重要になります。

空欄前は接続詞の that で、that 節では技術者が言われた内容を表わしています。したがって、この問題は that 以下の節だけチェックすれば解けます。

that 節内の主語は ( ) of use で、動詞は was です。( ) of use は主語なので名詞句になるはずです。したがって、空欄に入るのは名詞だとわかります。名詞は (A) の ease と (C) の easing ですが、easing「緩和」では英文の意味が通りません。

**「容易、容易さ」という意味の名詞である (A) の ease が正解** です。

#### 問題文の訳

その研究所の技術者は、新しい洗濯機を設計するときには使いやすさに最も気を配るべきだと言われました。

---

**この問題のポイント** 　　主語は名詞から名詞句です。この英文では ( ) of use 部分が名詞句になるはずなので空欄には名詞が入ります。

**TOEIC® LISTENING AND READING TEST**

Lesson

# 5

ゴールは近い！

# 20問

# 第1問

Lesson5 ゴールは近い！ 20問 178-179

できたら…○
できなかったら…×

**次の選択肢の中から正しいものを選びなさい。**

Employee morale has been (　　) lowered since another round of layoffs was announced by the management.

    (A) significant
    (B) significance
    (C) significantly
    (D) signify

---

### 単語の意味

**employee** [emplɔ́ii:]・・・・・・・・・・・・従業員、会社員
**morale** [mərǽl]・・・・・・・・・・・・・・・士気、勤労意欲
**a round of ~**・・・・・・・・・・・・・・・一連の~
**the management**・・・・・・・・・・経営陣

### 答え　(C) significantly

#### 解説

**副詞の問題です。**
選択肢の形が似ているので、品詞の問題かもしれないと考えましょう。品詞の問題の場合、空欄前後が重要になります。

**空欄前後の has been lowered が、この英文の動詞部分で、現在完了形でかつ受動態になっています。動詞を修飾するのは副詞なので、副詞である**(C)の significantly「著しく、かなり」が正解です。

動詞部分が現在完了形になっていたり、受動態になっていたり、この問題のように現在完了形でかつ受動態になっていたりすると問題のポイントがわからなくなる人がいます。また、形容詞や副詞部分が比較級や最上級になっている場合もありますが、品詞自体は変わらないので、原級は何かをシンプルに考えましょう。

形容詞の significant や副詞の significantly は語彙問題として出題されることもあります。

#### 問題文の訳

一連のレイオフがもう一度行なわれると経営陣によって発表されて以降、従業員の士気はかなり下がっています。

---

**この問題のポイント**　　動詞を修飾するのは副詞です。形容詞や副詞部分が比較級や最上級になっていても同じです。

# 第2問

Lesson5 ゴールは近い！20問 180-181

できたら…○
できなかったら…×

次の選択肢の中から正しいものを選びなさい。

The company's annual report was mailed out to all stockholders, (　　) individuals to major institutional investors.

   (A) by
   (B) with
   (C) from
   (D) for

---

## 単語の意味

**annual report**……………………アニュアルレポート、年次報告書
**stockholder** [stákhòuldər]……株主
**individual** [indəvídʒuəl]…………個人
**institutional investor**…………機関投資家

### 答え (C) from

#### 解説

**前置詞の問題です。**
選択肢には前置詞が並んでいます。英文の意味を考えてどれであれば文意が通るかを考えます。

空欄前で「すべての株主にその企業のアニュアルレポートが送られた」と言っています。空欄直後は individuals to major institutional investors の to から「個人投資家から大口機関投資家まで」という意味ではないかと推測できます。
したがって、「**〜から**」**にあたる前置詞である**(C)の **from** を入れれば、「個人投資家から大口機関投資家まで」となり、文意が通ります。

**from 〜 to ... で「〜から…まで」という意味です。**
from 〜 to ... という表現を問う問題は数度出題されています。

#### 問題文の訳

その会社の年次報告書は、個人投資家から大口機関投資家にいたるまでの全株主に発送されました。

---

**この問題のポイント**　　from 〜 to ... で「〜から…まで」という意味になります。

# 第3問

Lesson5 ゴールは近い！20問 182-183

できたら…○
できなかったら…×

次の選択肢の中から正しいものを選びなさい。

The human resources manager explained to the new hires that they would not be eligible for paid vacation (　　) they had worked at the company for at least six months.

(A) while
(B) until
(C) without
(D) if

---

### 単語の意味

**human resources manager**…人事部長
**new hire**……………………………新入社員
**eligible** [élidʒəbl]……………………資格のある、適格の
**paid vacation**……………………有給休暇

## 答え (B) until

### 解説

**接続詞の問題**です。

選択肢には接続詞と前置詞が並んでいます。動詞 explained の目的語である that 節内を見ると空欄前も空欄後も節 [S (主語) + V (動詞)] なので、**空欄には接続詞が入る**とわかります。

したがって、前置詞である (C) の without は不適切です。
(B) の until には接続詞、前置詞の両方の働きがあります。
英文を読み、while、until、if のうち、どれが正解かを考えます。

that 節内では、空欄前で「新入社員に有給休暇を取る資格はない」と、空欄後で「彼らが少なくとも 6 カ月間その会社で働く」と言っているので、(B) の <u>until</u>「〜まで」を入れれば英文の意味が通ることがわかります。

ここでは接続詞としての until が問われていますが、前置詞としての until を問う問題も出題されます。どちらが出てもできるようにしておきましょう。

### 問題文の訳

人事部長は新入社員に、少なくとも 6 カ月間働くまでは有給休暇を取る資格はないと説明しました。

---

**この問題のポイント** — until は「〜まで」という意味で、接続詞または前置詞として使われます。

# 第4問

Lesson5 ゴールは近い！20問　184-185

できたら…○
できなかったら…×

**次の選択肢の中から正しいものを選びなさい。**

The Swiss wristwatch maker told their wholesale dealers that if any repairs became necessary for their new model, there would be free (　　) of flawed parts.

(A) replace
(B) replaced
(C) replaceable
(D) replacement

---

### 単 語 の 意 味

**wholesale dealer**……………卸売商、卸売業者
**repair** [ripéər]……………………修理、修繕
**flawed** [flɔ́ːd]……………………欠陥のある、不備のある
**part** [pάːrt]………………………部品、部分

**答え** (D) replacement

### 解説

**名詞の問題**です。

選択肢の形が似ているので、品詞の問題かもしれないと考えましょう。品詞の問題の場合、空欄前後が重要になります。

**空欄直前は free で、直後は前置詞 of です。**free には形容詞、副詞、動詞とさまざまな用法がありますが **free の前に be 動詞があるので、ここでは形容詞として使われていることがわかります。形容詞が修飾するのは名詞なので、名詞である**(D)の <u>replacement</u> **が正解**です。

replacement「交換品、交替要員」は語彙問題としても出題されています。replacement は物だけでなく、人に対しても使え、人に対しての場合の replacement も出題されています。

### 問題文の訳

スイスの腕時計メーカーは卸売業者に、新型時計の修理が必要であれば欠陥部品の交換を無料で行なうと伝えました。

**この問題のポイント** — 形容詞が修飾するのは名詞です。free replacement は「無料交換」という意味でよく使われる表現です。

# 第5問

次の選択肢の中から正しいものを選びなさい。

The downturn in the stock market over the last six months has (　　) given way to fears of an upcoming recession.

(A) late
(B) latest
(C) lately
(D) later

---

### 単 語 の 意 味

**downturn** [dáuntə̀:rn]············ 下落、沈滞、低迷
**stock market**····················· 株式市場
**give way to 〜**···················〜に取って代わられる
**upcoming** [ʌ́pkʌ̀miŋ]············ 近づきつつある、もうすぐやってくる
**recession** [riséʃən]················ 景気後退

答え　(C) lately

### 解説

**副詞の問題**です。

選択肢に似た形の単語が並んでいるので、品詞の問題かもしれないと考えます。品詞の問題であれば空欄前後が重要になります。

空欄の前後は has given と動詞の現在完了形です。**動詞を修飾するのは副詞です**。したがって、**副詞である**(C)の **lately**「最近、近ごろ」を入れれば正しい英文になります。

問題箇所の英文が現在完了形や、受動態や、進行形になっていると間違える人が増えますが、時制や態が変わっても動詞です。惑わされないようにしましょう。

品詞の問題を感覚で解いている人が多いのですが、かなり実力のある人を除けば、感覚で解いていると点数は伸びません。論理的に考えるようにしましょう。

### 問題文の訳

過去6カ月におよぶ株式市場の低迷は、最近になって、しのびよる景気後退に対する恐れに変わりました。

---

**この問題のポイント**　空欄前後が動詞の現在完了形になっています。動詞を修飾するのは副詞です。

# 第6問

Lesson5 ゴールは近い！ 20問 188-189

できたら…○
できなかったら…×

**次の選択肢の中から正しいものを選びなさい。**

The petroleum company executives ( ) to renew their contract with the shipping company after much negotiation had taken place.

(A) agree
(B) agreeable
(C) agreed
(D) agreeing

---

### 単語の意味

**petroleum company**……………石油会社
**renew** [rin(j)úː]……………………更新する
**contract** [kάntrækt]………………契約、契約書
**shipping company**……………船会社、運送会社
**negotiation** [nigòuʃiéiʃən]………交渉、話し合い

**答え** (C) agreed

### 解説

**時制の問題**です。

空欄前に主語の The petroleum company executives があり、空欄後には to 不定詞が続いているので、空欄には動詞が入るのではないかと推測できます。選択肢の中で動詞は、現在形の動詞 agree と過去形の agreed です。

主語が The petroleum company executives と可算名詞の複数形なので「主語と動詞の一致」という観点ではどちらもありえます。

次に、時制について考えます。after の後ろを見ると、「多くの話し合いが行なわれた後に」と過去完了形が使われています。過去完了形が使われている副詞節に「後に」という意味の after が使われているので、主節は**過去形**にすればいいとわかります。したがって、(C) の **agreed** が正解です。

**過去に起きた互いに関連のある 2 つのことを言う場合、古いほうには過去完了形を、新しいほうには過去形を使います。**

#### 問題文の訳

多くの話し合いを重ねた結果、その石油会社の役員たちは船会社との契約を更新することに同意しました。

---

**この問題のポイント** — 過去に起きた互いに関連のある 2 つのことを言う場合、古いほうには過去完了形を、新しいほうには過去形を使います。

# 第7問

Lesson5 ゴールは近い！ 20問 190-191

できたら…○
できなかったら…×

次の選択肢の中から正しいものを選びなさい。

( ) the manufacturer transfers its factories to Asia for lower production costs and expands its Asian markets, it cannot expect to increase its profits.

(A) Without
(B) Whether
(C) Although
(D) Unless

---

### 単語の意味

**manufacturer** [mænjəfǽktʃərər]……製造業者、メーカー
**transfer** [trænsfə́:r]……………………〜を移す、移転させる
**expand** [ikspǽnd]……………………拡大する、広げる
**market** [má:rkit]………………………市場
**profit** [práfət]…………………………利益、収益

### 答え (D) Unless

#### 解説

**接続詞の問題**です。
**空欄からコンマまでも、コンマ以降も節［S(主語) + V(動詞)］です。節と節を結ぶのは接続詞なので前置詞の**Without は選べません。(B)(C)(D)のいずれかが正解です。

次に意味を考えます。
従属節（コンマまでの節）では「そのメーカーは低い生産コストと市場拡大を求めて工場をアジアに移転させる」と言っていて、主節（コンマ以降の節）では「利益を上げることが期待できない」と言っています。この２つの節を結んで意味がつながるのは(D)の <u>Unless</u>「もし〜でなければ」だけです。

Whether「〜かどうか」、Although「〜にもかかわらず」では主節と従属節の意味がつながりません。

#### 問題文の訳

生産コスト削減を求めてアジアに工場を移転させ、アジア市場を拡大させない限り、そのメーカーは増益を期待できません。

---

**この問題のポイント** 節と節を結ぶ場合には、接続詞を使います。unless は「もし〜でなければ」という意味の接続詞で、if not の意味になります。

# 第8問

次の選択肢の中から正しいものを選びなさい。

He was appointed as a corporate advisor due to his (　　) of knowledge regarding not only the history of the company but also the industrial field.

(A) wealthy
(B) wealth
(C) wealthily
(D) wealthier

---

### 単語の意味

**appoint** [əpɔ́int]・・・・・・・・・・・・・・・・・・・・・任命する、指名する
**due to ～**・・・・・・・・・・・・・・・・・・・・・・・・・・・～のせいで、～の理由から

#### 答え (B) wealth

#### 解説

**名詞の問題**です。
選択肢に似た形の単語が並んでいるので品詞の問題かもしれないと考えます。品詞の問題の場合、空欄前後が重要になります。

**空欄直前は代名詞の所有格の his です。また空欄直後には前置詞が続いています。**
**代名詞の所有格の後ろには名詞が来るので、名詞である**(B)
**の wealth「豊富」が正解です。**

a wealth of knowledge で「豊富な知識」という意味になります。wealth には「富、財産」という意味もあります。

#### 問題文の訳

彼は会社沿革だけでなく業界に関する知識も豊富であるという理由で、顧問に任命されました。

---

この問題のポイント

代名詞の所有格の後ろに続くのは名詞です。

# 第9問

次の選択肢の中から正しいものを選びなさい。

Payments received at the bank on Friday afternoon (　) on Monday and no sooner.

　　　　(A) are crediting
　　　　(B) will credit
　　　　(C) will be credited
　　　　(D) were crediting

---

**単語の意味**

**payment** [péimənt] ・・・・・・・・・・・・・・・・・ 支払い金、支払い

**答え** (C) will be credited

### 解説

**態を問う問題＋時制の問題**です。

この英文の主語は Payments で、received at the bank on Friday afternoon はこの payments を修飾しています。空欄に入るのは動詞部分ですが、動詞の形だけでなく、どの時制が正しいのかも考えなければなりません。

**credit にはさまざまな意味がありますが、その中に「入金する」という意味があります。主語が payment「支払金」なので、「支払い金は入金される」と受動態にしなければなりません。** 受動態は(A)と(C)です。

次に、時制について考えます。英文を読むと、「金曜日の午後に銀行側で受け取った支払い金は、早ければ月曜に入金されるだろう」と言っているので、**未来形でなければならない**とわかります。

したがって、**正解は**(C)の **will be credited** です。
この英文で使われている credit の意味がわからない人は間違えるかもしれません。

### 問題文の訳

金曜日の午後に銀行側で受け取った支払金が口座に入金されるのは、早くても月曜日です。

---

**この問題のポイント** — 態を問う問題と時制を問う問題が組み合わさった問題です。動詞関連の問題は、2つ以上のポイントが問われている場合も多いです。

# 第10問

次の選択肢の中から正しいものを選びなさい。

The consultant was hired to help turn around the ailing company (　　) was suffering continued losses.

- (A) who
- (B) what
- (C) which
- (D) whose

---

### 単 語 の 意 味

**hire** [háiər]・・・・・・・・・・・・・・・・・・・・・・・雇用する、雇う
**turn around**・・・・・・・・・・・・・・・・・・・・・好転させる、立て直す
**ailing** [éiliŋ]・・・・・・・・・・・・・・・・・・・・・経営難の、不調の
**suffer** [sʌ́fər]・・・・・・・・・・・・・・・・・・・・被る、苦しむ

## 答え (C) which

### 解説

**関係代名詞の問題**です。
選択肢には関係代名詞が並んでいるので、関係代名詞の問題ではないかと考えます。

空欄に入る関係代名詞の**先行詞は the ailing company「経営難に陥っている会社」と物です。**
また、**先行詞が空欄後の was suffering の主語の働きをしていることがわかるので、物を先行詞とする主格の関係代名詞である**(C)の **which** を入れれば正しい英文になります。

先行詞である the ailing company がどういう会社であるかを、空欄以下で説明していると考えましょう。
選択肢に関係代名詞の that があれば、それも正解になります。主格の which、that 両方とも時々出題されます。

### 問題文の訳

継続的に損失を出し、経営難に陥っていたその会社の再建に手を貸してもらうことを目的に、そのコンサルタントが雇われました。

---

**この問題のポイント**　先行詞が物で、先行詞が主語の働きをする場合には、関係代名詞の主格である which か that を使います。

# 第11問

次の選択肢の中から正しいものを選びなさい。

According to the marketing research, 70 percent of ( ) who own a laptop computer use it outside the home or office.

(A) them
(B) those
(C) that
(D) these

---

### 単語の意味

**marketing research**............市場調査

**答え** (B) those

### 解説

**代名詞の問題**です。

この英文の主語は、<u>70 percent of ( ) who own a laptop computer</u> で動詞が use です。

この問題の場合、空欄直後の who がヒントになります。
**those who ～**で、**「～する人々」**という意味になります。
空欄に**代名詞**の(B)**those「(一般的な) 人々／物」**を入れると、70 percent of those who own a laptop computer use ～ になり「ラップトップコンピューターを持っている人々のうち 70 パーセントは～を使う」と、意味がつながります。

those who ～はよく使われる表現なので、普段から英文を読み慣れている人にとっては簡単な問題ですが、そうでない人にとっては少し難しい問題かもしれません。

### 問題文の訳

その市場調査によると、ラップトップコンピューターを持っている人々のうち 70 パーセントは家やオフィス以外でそれを使っているということです。

---

**この問題のポイント**　those who ～は、「～する人々」という意味でよく使われる表現です。

# 第12問

Lesson5 ゴールは近い！ 20問 200-201

できたら…○
できなかったら…×

**次の選択肢の中から正しいものを選びなさい。**

If the current project is completed as ( ) as the last one, it will almost certainly guarantee that larger contracts will be awarded in the future.

(A) smooth
(B) smoothly
(C) smoother
(D) smoothed

---

### 単語の意味

**current** [kə́:rənt] ……………………現在の、現行の
**complete** [kəmplíːt] ………………終える、完成する
**certainly** [sə́:rtnli] …………………確実に、確かに
**guarantee** [gæ̀rəntíː] ………………保証する、請け合う
**contract** [kɑ́ntrækt] ………………契約、契約書

**答え** (B) smoothly

### 解説

**同等比較**の問題です。
as (　) as の形を見た瞬間に、同等比較の問題ではないかと推測してください。

同等比較は、**as ～ as の形をとり、「同じくらい～」**という意味で使われます。

**as と as の間には形容詞か副詞の原級が入ります。**
形容詞が入るのか副詞が入るのかは使われている動詞で決まります。**be 動詞の場合には形容詞が、(不完全自動詞を除く) 一般動詞の場合には副詞が入ります。**

この問題の場合、is completed と受身形になっていますが、もともとの動詞は complete と一般動詞です。したがって**副詞である**(B)の **smoothly が正解**だとわかります。

### 問題文の訳

今回のプロジェクトが前回同様 滞(とどこお)りなく完了すれば、将来、より大型の契約が当社にもたらされるのはほぼ確実でしょう。

---

**この問題のポイント** — as ～ as で「同じくらい～」という意味です。「～」部分には、形容詞か副詞の原級が入ります。動詞が be 動詞の場合には形容詞が、(不完全自動詞を除く) 一般動詞の場合には副詞が入ります。

# 第13問

Lesson5 ゴールは近い！20問 202-203

できたら…○
できなかったら…×

**次の選択肢の中から正しいものを選びなさい。**

The journalist asked ( ) the company's plans to move its manufacturing operations to Asia would change the quality of its products.

        (A) therefore
        (B) which
        (C) that
        (D) whether

---

### 単語の意味

**manufacturing operation**…製造業務
**quality** [kwáləti]……………………品質、特質
**product** [prádəkt]…………………製品、生産品

**答え** (D) whether

### 解説

**接続詞の問題**です。

whether は「〜かどうか」という意味の接続詞で、[whether + S(主語) + V(動詞)] で、「S が V するかどうか」という意味になり、主語や補語や目的語として用いられます。

**この英文では [whether + S + V] が他動詞 asked の目的語になっています。** ask whether 〜「〜かどうか尋ねる」はよく使われる表現です。

この英文の場合、[whether + S + V] の S の部分が the company's plans to move its manufacturing operations to Asia と長いので、力がない人は問題のポイントに気づきにくいかもしれません。

接続詞 whether の使い方に関する問題としては、他に whether A or B「A であろうと B であろうと」、whether to 不定詞「〜すべきかどうか」なども出題されています。

### 問題文の訳

そのジャーナリストは、製造業務をアジアに移転させようとするその会社の計画が、同社製品の品質を変化させることはないかどうか尋ねました。

---

**この問題のポイント**

whether は「〜かどうか」という意味の接続詞で、[whether + S + V] で「S が V するかどうか」という意味になり、主語や補語や目的語として用いられます。

# 第 14 問

Lesson5 ゴールは近い！20問 204-205

できたら…○
できなかったら…×

**次の選択肢の中から正しいものを選びなさい。**

In order to promote Earth Week, local supermarkets are asking town residents to donate empty plastic bottles so that the items ( ).

(A) were recyclable
(B) recycles
(C) recycling
(D) can be recycled

---

### 単 語 の 意 味

**promote** [prəmóut] ……………… 宣伝する、奨励する
**resident** [rézidənt] ……………… 住民、居住者
**donate** [dóuneit] ……………… 寄付する、提供する
**empty** [émpti] ……………… 空の、中身のない
**item** [áitəm] ……………… 品目、品物

**答え** (D) can be recycled

### 解説

**動詞の形を問う問題**です。

選択肢には動詞のさまざまな形が並んでいるので、動詞関連の問題だとわかります。動詞関連の問題では、数種類のポイントが組み合わさっている場合も多いので、1つずつチェックします。

接続詞の働きをする so that 以下の節を見ます。
主語は the items と複数なので、(B)の recycles は使えません。so that「〜するように」の後ろには節が続くため、現在分詞の(C)の recycling もここでは使えません。

残った(A)と(D)をチェックします。
(A)は過去形なので「品物が再生利用されたように」となり、英文の意味がつながりません。(D)であれば「品物が再生利用され得るように」と文意が通ります。
したがって、(D) **can be recycled** が正解です。so that の後ろには can が使われることが多く、その場合は「〜できるように」という意味になります。空欄に so that を入れる問題も出題されます。

### 問題文の訳

アースウィークの普及を促進するため、地元のスーパーマーケットでは街の住民に対し、リサイクルできるよう空になったプラスティック容器の提供をお願いしています。

---

**この問題のポイント** 「主語と動詞の一致でチェック」→「時制でチェック」のように1つずつチェックしていきます。

# 第15問

Lesson5 ゴールは近い！20問 206-207

できたら…○
できなかったら…×

**次の選択肢の中から正しいものを選びなさい。**

In a recent poll, 43 percent of respondents believed that the health insurance system is overpriced and inefficient, (　) 49 percent found no problems with it at all.

(A) since
(B) although
(C) while
(D) unless

---

### 単語の意味

**poll** [póul]································世論調査、投票
**respondent** [rispándənt]··········応答者、回答者
**overpriced** [òuvərpráist]··········値段が高すぎる
**inefficient** [ìnifíʃənt]··················効率の悪い

**答え** (C) while

### 解説

**接続詞の問題**です。
接続詞は、節と節、句と句、語と語を結びます。

この問題は**「節と節を結ぶ接続詞」**の問題です。
「節と節を結ぶ接続詞の問題」では、英文を読んで、節と節がどのような関係なのかを考えなければなりません。

最初に「最近の世論調査では」とあり、続いて空欄前で「43 パーセントの回答者が健康保険制度は掛け金が高く、非効率的だと思っている」と、空欄以降で「49 パーセントの回答者がまったく問題ないと思っている」と言っています。
したがって、空欄には**対照を表わす接続詞**である(C)の **while**「~だけれども、だが一方で」を入れれば英文の意味が通ります。

while は「~だけれども、だが一方で」以外に、「~している間に」と期間を表わす意味で使われることも多いです。
似た意味の接続詞 whereas「~である一方で」も出題されます。

#### 問題文の訳

最近の世論調査によると、43 パーセントの回答者が健康保険制度は掛け金が高く、非効率的だと思っている一方で、49 パーセントの回答者がまったく問題ないと思っていることがわかりました。

**この問題のポイント** — 接続詞の while には「~だけれども、だが一方で」以外に、「~している間に」という意味があります。

# 第16問

Lesson5 ゴールは近い！ 20問 208-209

できたら…○
できなかったら…×

**次の選択肢の中から正しいものを選びなさい。**

The clothing manufacturer recommended that chemicals (　　) to remove stains not be used on their fabrics.

(A) intended
(B) intend
(C) intending
(D) intendment

---

### 単語の意味

**manufacturer** [mæ̀njəfǽktʃərər]‥‥製造業者、メーカー
**recommend** [rèkəménd]‥‥‥‥‥‥勧める、推奨する
**chemical** [kémikl]‥‥‥‥‥‥‥‥‥薬品、薬物
**remove** [rimúːv]‥‥‥‥‥‥‥‥‥‥〜を取り除く
**stain** [stéin]‥‥‥‥‥‥‥‥‥‥‥‥しみ、汚れ
**fabric** [fǽbrik]‥‥‥‥‥‥‥‥‥‥‥繊維、織物、布

**答え** (A) intended

### 解説

**分詞の問題**です。

recommended に続く that 節内の主語が chemicals から stains までで、動詞部分が not be used です。主語の部分、つまり空欄の前後を直訳すると「しみを取り去るために意図された薬品」と、「〜された」とすればいいのではと推測できます。ですから、**過去分詞である**(A)の **intended が正解**です。

**分詞は形容詞の働きをするので名詞を修飾します。現在分詞は「〜している、〜する」という能動的な意味になり、過去分詞は「〜された、〜される」という受動的な意味になる**場合が多いので、訳してみればどちらが正解なのかわかります。

分詞の使い方には、修飾する「名詞の前に来る」用法と、「名詞の後ろに来る」用法があります。名詞の前に来るのは分詞に修飾語がつかない一語の場合です。この英文では、分詞が修飾する名詞の後ろに置かれています。

#### 問題文の訳

その衣料品製造業者は、同社の繊維製品にはしみ抜き用の薬品を使用しないよう勧めました。

---

**この問題のポイント**

分詞は形容詞の働きをし、名詞を修飾します。「〜された、〜される」という意味になる場合には過去分詞を使います。

# 第17問

次の選択肢の中から正しいものを選びなさい。

Even though headquarters is sending someone to do equipment maintenance next month, the workers at the plant will do the minor repairs ( ).

(A) them
(B) theirs
(C) their own
(D) themselves

## 単語の意味

**headquarters** [hédkwɔ̀:rtərz]…本社
**equipment** [ikwípmənt]…………機材
**maintenance** [méintənəns]……維持、保守、整備
**plant** [plǽnt]………………………工場
**repair** [ripéər]………………………修理、修繕

### 答え (D) themselves

#### 解説

**代名詞の問題**です。

**-self がつく代名詞を再帰代名詞と言います。「自分で、自ら」という意味を強調する場合に使います。** ここでは the workers を指す**再帰代名詞の themselves が正解**です。この英文では、「彼ら(作業員)自ら」と、「彼ら」を強調しています。

再帰代名詞に関しては、by oneself「自分で、一人で」という表現を問う問題も出題されています。

by oneself であればわかるけど、by のつかない oneself になるとできないという人が多いです。また、この問題のように再帰代名詞が文末に置かれた場合は正解できるけど、文中に置かれた場合はできないという人もいます。

文中に空欄があり、そこに再帰代名詞を入れる問題も出題されるため、空欄の場所がどこであっても解答できるようにしましょう。

#### 問題文の訳

機材の保守を行なうために本社が来月人員を送りこんでくることになっていますが、その工場の作業員は簡単な修理は自分たちで行ないます。

---

**この問題のポイント** 「自分で、自ら」という意味を強調する場合に再帰代名詞 (oneself) を使います。

# 第18問

Lesson5 ゴールは近い！ 20問 212-213

できたら…○
できなかったら…×

**次の選択肢の中から正しいものを選びなさい。**

The office of Donaldson & Abrahams Accounting Services is now located in Parker Building, which is (　　) Talford Community Center on Clarke Road.

(A) among
(B) over
(C) throughout
(D) opposite

---

### 単語の意味

**locate** [lóukeit]······················ 位置させる、置く

### 答え (D) opposite

#### 解説

**前置詞の問題**です。
選択肢には前置詞が並んでいるので前置詞の問題だとわかります。

文頭で「ドナルドソン・アブラハムズ会計事務所のオフィスは現在パーカービルにある」と言っていて、その後に関係代名詞を続けてパーカービルの説明をしています。

その説明部分で「クラーク通りにあるタルフォード・コミュニティセンターの〜にある」と言っていますが、この「〜」部分に入れて意味が通るのは(D)の **opposite「〜の反対側に」** しかありません。

(A) among「〜の間に、〜の中に」、(B) over「〜の上に、〜の間ずっと、〜にわたって」、(C) throughout「〜の間中、〜を通じて」では文意が通りません。

#### 問題文の訳

ドナルドソン・アブラハムズ会計事務所のオフィスは現在、タルフォード・コミュニティセンターからクラーク通りをはさんだ向かい側にあるパーカービルに入居しています。

---

**この問題のポイント** 前置詞の opposite は「〜の反対側に」という意味で使われ、直後に名詞が続きます。

# 第19問

次の選択肢の中から正しいものを選びなさい。

( ) submitting your request to be reimbursed for business transportation expenses, you must be sure to include all relevant receipts.

- (A) Without
- (B) During
- (C) Unless
- (D) When

---

## 単語の意味

**submit** [səbmít] ……………… 提出する
**reimburse** [rìːimbə́ːrs] ………… 払い戻す、返済する
**transportation expenses** …… 交通費
**relevant** [réləvənt] ……………… 関係のある

### 答え (D) When

#### 解説

**接続詞の問題**です。
選択肢には前置詞と接続詞が並んでいます。
「後ろが名詞か名詞句であれば前置詞、後ろが節 [S(主語)+V(動詞)] であれば接続詞」と覚えている人が多いため、この問題のように、空欄の後ろが現在分詞(名詞句)になっていると、接続詞の when が正解だということがわからないという人が多いです。

**時を表わす副詞節で、主節の主語と副詞節の主語が同じ場合、副詞節の主語を省略し、かつ副詞節の動詞を現在分詞に変えることができます。** したがって、空欄には時を表わす接続詞が入るとわかります。**正解は(D)の When** です。

空欄に When を入れてコンマまでを書き換えると (When) you submit your request... となります。この英文では下記に示す通り、When の後ろの you を省略し、動詞 submit を現在分詞の submitting に変えることができます。
(When) ~~you~~ submit your request...
　　　　　　▼
　　　　submitting

#### 問題文の訳

出張旅費の払戻依頼書を提出する際には、必ず、関連ある領収書をすべて添付しなければなりません。

**この問題のポイント**　主節の主語と時を表わす副詞節の主語が同じ場合、副詞節の主語を省略し、かつ副詞節の動詞を現在分詞に変えることができます。

# 第20問

次の選択肢の中から正しいものを選びなさい。

The executives who (　　) in establishing the new department of private-banking will receive pay raises.

(A) was involved
(B) have been involved
(C) will involve
(D) involve

---

### 単語の意味

**executive** [igzékjətiv]……………重役、経営幹部
**establish** [istǽbliʃ]………………設立する、創設する
**pay raise**………………………………賃上げ、昇給

### 答え (B) have been involved

#### 解説

**主語と動詞の一致の問題+態を問う問題**です。
The executives から private-banking までがこの英文の主語にあたる部分で、そのうち関係代名詞の主格 who 以下は修飾語で The executives の説明をしています。
**先行詞は executives「重役たち」と複数**なので、(A)は間違いだとわかります。

残った(B)、(C)、(D)のいずれかが正解ですが、(B)は受動態、(C)と(D)は能動態です。
空欄前後の意味を考えれば「プライベートバンキングの新しい部署の設立に関わった重役たち」と「関わった」という意味にすればいいとわかります。

**involve は「関わらせる」という意味なので「~に関わる」と言う場合は、be involved in ~と受動態にします。**
したがって、**受動態である**(B)の have been involved **が正解**だとわかります。

#### 問題文の訳

プライベートバンキング業務を行なう新しい部署の立ち上げに関わってきた経営幹部は、昇給の対象となります。

---

**この問題のポイント**

動詞関連の問題では、「主語と動詞の一致でチェック」→「能動態か受動態かでチェック」のように、1つずつチェックして、間違っている選択肢を消去していきます。

TOEIC® LISTENING
AND READING TEST

Lesson
# 6

# パート6
# 攻略のための
# 16問

パート6の出題形式で、
長文と、その日本語訳を載せます。
長文を使った問題各4問を載せています。
すべて新規の問題です。

## 【例文 1】 → 日本語訳は P.222 に

**Questions 1 through 4 refer to the following article.**

**Customers asked, and Benson's listened**

**Coleman City, May 31**

Benson's Fashions Ltd., located in a fashionable part of the city, announced today that it will add men's clothing to its line of merchandise.

"We have always catered to women's fashions since ---**1**--- in 1978. Especially in recent years, customers have requested that our product line include menswear, and, we listened," said General Manager, Brenda Ramirez.

The company will work ---**2**--- with Alta Fabrics, which will create a line of men's casual wear to start with and will ---**3**--- on that in the coming months and years.

Benson's will employ senior students from Southside Fashion School to contribute to new designs so customers can support the community every time they shop.

---**4**---, said Ramirez.

1. (A) founding
   (B) being founded
   (C) to found
   (D) found

2. (A) closely
   (B) adequately
   (C) concisely
   (D) overwhelmingly

3. (A) expand
   (B) include
   (C) exceed
   (D) appreciate

4. (A) "For specialized orders, suppliers should be notified soon as possible."
   (B) "In the event that stock runs out, more will have to be ordered immediately."
   (C) "As a result, people will need to find alternative parking nearby."
   (D) "We plan to maintain the same level of affordability as our traditional lines."

## 単 語 の 意 味

- **customer** 顧客、得意先、取引先   ■ **add** ～を加える、付け足す
- **merchandise** 商品、製品
- **cater** (要求、要望に)応じる   ■ **especially** 特に、とりわけ
- **employ** ～を雇用する、雇う、採用する
- **senior student** 最上級生、大学4年生   ■ **contribute** ～を貢献する、寄与する
- **specialized** 特化した、特殊化した   ■ **supplier** 納入業者、仕入先
- **notify** ～に通知する、知らせる
- **in the event that~** ～である場合には、～であるときには
- **stock** 在庫、在庫品、ストック   ■ **run out** 尽きる、なくなる、品切れになる
- **alternative** 代わりの、別の   ■ **nearby** すぐ近くに、すぐそばに
- **affordability** 値ごろ感、手ごろな値段   ■ **traditional** 従来の、昔ながらの

# 【例文 1 _ 日本語訳】

問題1から4は次の記事に関するものです。

## 消費者の要望に、ベンソンズ社が応える
### コールマン市、5月31日

コールマン市の中で流行に関心のある人々が集まるエリアにあるベンソンズ・ファッションズ社は、本日、同社の商品ラインに紳士服を加えると発表した。

「我が社は1978年の創業以来、婦人ファッションの需要にお応えして参りました。特に近年、お客様から男性向け衣料品を商品ラインに加えてほしいとのご要望をいただいており、そこで我々としてはそうした声に耳を傾けたのです」とブレンダ・ラミレズ 総括部長は述べた。

同社はアルタ・ファブリックス社と密接に協力し、手始めに男性向けカジュアル衣料の商品ラインを作り、数カ月または数年後にはそこから拡大させていく計画だ。

顧客が買い物をするたびに地域社会を支援することができるよう、ベンソンズ社はサウスサイド・ファッションスクールの最上級生を雇用して新たなデザインの作製の一翼を担ってもらう。

「当社としましては、既存の商品ラインと同程度の値ごろ感を維持していくつもりです」とラミレズ氏は述べた。

# 第 1 問

答え & 解説

(A) founding
(B) being founded
(C) to found
(D) found

### 答え (B) being founded

### 解説

**動詞の形を問う問題**です。

空欄にどの選択肢が入っても空欄以降は節(S+V)にはならないので、空欄前の since は前置詞だとわかります。前置詞の後ろには名詞か名詞句が続きます。選択肢には動詞 found のさまざまな形が並んでいます。

動詞の働きをし、名詞句を作るのは動名詞なので、(A) の founding か (B) の being founded が正解です。この文の主語 We は「当社」の意味で、ベンソンズ・ファッションズ社を指し、それがこの動名詞の意味上の主語であるため、found (設立する)は受動態でなければなりません。

したがって、動名詞でかつ受動態である (B) の being founded が正解です。

# 第2問

答え & 解説

(A) closely
(B) adequately
(C) concisely
(D) overwhelmingly

> **答え** (A) closely
>
> **解説**
>
> **適切な意味の副詞を選ぶ問題です。**
> どの副詞が適切であるかを判断するには、冒頭から全文を読み、話の流れを理解する必要があります。その上で空欄を含む文を丁寧に読みます。
> 「同社は、手始めに男性向けカジュアル衣料の商品ラインを作るアルタ・ファブリックス社と〜協力して仕事をし…」という英文の「〜」部分に入れて意味が通るのは (A) の closely「密接に」しかありません。力のある人であれば work (　) with の部分を見ただけで正解がわかります。この work closely with 〜はよく使われる表現で、過去にパート5でも数度出題されています。(B) adequately「適切に」、(C) concisely「簡潔に」、(D) overwhelmingly「圧倒的に」では文意が通りません。

# 第3問　　　　　　　　　　　　　　　答え & 解説

(A) expand
(B) include
(C) exceed
(D) appreciate

### 答え　(A) expand

### 解説

**適切な意味の動詞を選ぶ問題です。**

冒頭から読み進め、どの語であれば文意が通るかを考えます。この段落では、「同社は、手始めに男性向けカジュアル衣料の商品ラインを作るアルタ・ファブリックス社と〜協力して仕事をし」に続き、「数カ月または数年後にはそこから〜計画だ」と述べています。これに加えて、第1段落でも it will add men's clothing と言っていることから、ベンソンズ・ファッションズ社は拡大路線を進んでいるとわかります。したがって、(A) expand「拡大する」が正解です。(B) include「含める」、(C) exceed「超える」、(D) appreciate「感謝する」では文意が通りません。

# 第4問

## 答え & 解説

(A) "For specialized orders, suppliers should be notified soon as possible."

特注品については、製造業者にできるだけ早く通知する必要があります。

(B) "In the event that stock runs out, more will have to be ordered immediately."

在庫がなくなった場合には、すぐに追加分を注文しなくてはなりません。

(C) "As a result, people will need to find alternative parking nearby."

その結果、人々は近くに代わりの駐車場を見つけなくてはならなくなるでしょう。

(D) "We plan to maintain the same level of affordability as our traditional lines."

当社としましては、既存の商品ラインと同程度の値ごろ感を維持していくつもりです。

### 答え

(D) "We plan to maintain the same level of affordability as our traditional lines."

### 解説

**文挿入問題**です。
適切な1文を入れる新タイプの問題です。冒頭から読み進めると、ベンソンズ・ファッションズ社は商品ラインに紳士服を加えると述べており、さらにその理由、そして、紳士服の製作にあたってはアルタ・ファブリックス社と協力をすること、また将来的にはさらに拡大する方針であることが続き、総括部長のラミレズ氏の言葉で記事を締めくくっています。そのラミレズ氏の発言に適しているのは、会社の全体的な方針を伝えている (D) しかありません。この種の問題で正解を導くには、話の流れをきちんと理解する必要があります。解答に時間がかかるので、現在のスコアが600点以下の方はとりあえずどれかを選んで先に進むのも1つの方法です。

## 【例文2】 → 日本語訳は P.230 に

**Questions 5 through 8 refer to the following letter.**

December 10

Beth Schoda
465-2 Elm Street
Cornwall, Ontario
A7W 2Y3

---

Dear Ms. Schoda,

I am writing to remind you that your magazine subscription expires at the end of December. Additionally, I would like to inform you of a new and easy way ---**5**--- your subscription.

You may still opt to mail in the enclosed renewal subscription card, making sure to ---**6**--- details like address change, current e-mail address and credit card information, or you may do so online.

The new online renewal system is fast and convenient. Your renewal ---**7**--- immediately to ensure that you never miss an issue of *Young Fashion Magazine*. ---**8**---.

Please feel free to contact me at jwalters@yfm.com if you should have any questions.

Jamie Walters
Subscription Renewal Team
*Young Fashion Magazine*

5. (A) renewing
   (B) to be renewed
   (C) to renew
   (D) renewed

6. (A) upgrade
   (B) brief
   (C) describe
   (D) update

7. (A) processes
   (B) is processing
   (C) to process
   (D) is processed

8. (A) Young people feel more confident when they are wearing the latest fashions.
   (B) A new store is opening in your neighborhood and you are invited to visit.
   (C) If you are 18 years or older, you may be eligible for a credit card.
   (D) Renewing your subscription has never before been this fast or easy.

## 単 語 の 意 味

- **remind** ～に気付かせる、思い出させる
- **subscription** 予約購読期間、定期購読期間
- **expire** 終了する、満了する、期限が切れる　■**additionally** さらに、その上
- **inform** ～に知らせる、通知する　■**opt to~** ～するほうを選ぶ
- **enclosed** 同封の　■**renewal** 更新、更改　■**make sure to~** 確実に～する
- **detail(s)** 詳細　■**convenient** 便利な、使いやすい
- **immediately** すぐに、ただちに　■**issue** (雑誌などの) ～号、出版物
- **confident** 確信している、自信がある　■**neighborhood** 近所、近辺、近隣
- **be eligible for~** ～を手にする資格がある、～にふさわしい
- **feel free to~** 遠慮なく～する

# 【例文2 _ 日本語訳】

問題5から8は次の手紙に関するものです。

12月10日
ベス・スコーダ
465-2　エルム通り
コーンウォール，オンタリオ
A7W 2Y3

―――――――――――――――――――――――――――――――

スコーダ様

お客様の雑誌定期購読期間が12月末で終了となることをお伝えするためにお手紙を差し上げております。また、新しく簡単な定期購読更新の方法についてもお知らせしたいと思っています。

これまで同様、住所変更、現在お使いのメールアドレス、クレジットカード情報などの詳細について最新の状態にされたことをご確認の上、同封の定期購読更新申込カードを郵送していただくか、そうした手続きをネット上で行なっていただくことも可能です。

この新しいオンライン更新システムは迅速で便利です。お客様の更新情報がただちに処理されることで、確実にヤングファッションマガジン誌を1号も途切れることなくお届けいたします。

定期購読の更新がこれほど迅速もしくは簡単であったことはありません。

ご質問がございましたら、私のメールアドレス jwalters@yfm.com までご遠慮なくご連絡ください。

ジェイミー・ウォルターズ
定期購読更新係
ヤングファッションマガジン誌

# 第5問　答え & 解説

(A) renewing
(B) to be renewed
(C) to renew
(D) renewed

### 答え (C) to renew

### 解説

**不定詞の問題**です。

inform A of B で「A に B を知らせる」という意味です。ここで B にあたるのは a new and easy way (　) your subscription です。この空欄前後をつなぐには (C) の to renew を入れ、「あなたの定期購読を更新するための新しく簡単な方法」とします。

(B) は to の後ろが受動態になっているため、your subscription とつながりません。

不定詞の to にはさまざまな用法があり、ここでは「～するための」という意味で使われています。この場合、名詞を修飾するため、不定詞の形容詞的用法と言います。

# 第6問　　　　　　　　　　　　　　　　　　　　答え & 解説

(A) upgrade
(B) brief
(C) describe
(D) update

> **答え** (D) update
>
> **解説**
>
> **適切な意味の動詞を選ぶ問題です。**
> 冒頭から読み進め、どの語であれば文意が通るかを考えます。最初に、雑誌の定期購読更新を勧め、続く英文で「住所変更、現在お使いのメールアドレス、クレジットカード情報などの詳細を〜ことを確認の上、これまでと同様に同封の定期購読更新申込カードを郵送するか、ネット上でその手続きを行なってください」と言っています。詳細情報に対してすべきことは、(D) の update「最新の状態にする」です。(A) upgrade「グレードアップする」、(B) brief「要約する」、(C) describe「記述する」では文意が通りません。

# 第7問

## 答え & 解説

(A) processes
(B) is processing
(C) to process
(D) is processed

> ### 答え (D) is processed
>
> ### 解説
>
> **態を問う問題**です。
> 主語が Your renewal「あなたの更新(申込手続)」で、動詞部分が空欄になっています。選択肢には process「処理する」という動詞のさまざまな形が並んでいます。主語と動詞の意味上の関係を考えれば、Your renewal は「処理される」としなければならないとわかります。したがって、受動態の (D) の is processed が正解です。

# 第8問

## 答え & 解説

(A) Young people feel more confident when they are wearing the latest fashions.

若い人たちは最新ファッションに身を包んでいるときのほうが自信を感じるものです。

(B) A new store is opening in your neighborhood and you are invited to visit.

ご近所に新店舗が開店しますので、ぜひお越しください。

(C) If you are 18 years or older, you may be eligible for a credit card.

18歳以上であれば、クレジットカードお申込の資格がございます。

(D) Renewing your subscription has never before been this fast or easy.

定期購読の更新がこれほど迅速、もしくは簡単であったことはありません。

**答え** (D) Renewing your subscription has never before been this fast or easy.

**解説**

**文挿入問題**です。

適切な1文を入れる新タイプの問題です。冒頭から読み進めると、最初に雑誌定期購読の更新を勧めて、続く英文で、住所やメールアドレスなどの情報を更新するように求め、その方法として購読更新申込カードを郵送するか、オンライン上でその手続きをするかを選んでほしい、と続けています。また、第3段落では、オンライン上で更新をするほうが速くて便利だと勧めています。その段落の最後の1文には、この fast and convenient を受けて、fast or easy と繰り返し、利便性の高さを強調している (D) を入れれば、段落内の意味がまとまります。文挿入問題を正解に導くためには、話の流れをきちんと理解する必要があります。

## 【例文 3】 → 日本語訳は P.238 に

**Questions 9 through 12 refer to the following information.**

**Relocation Opportunity**

As you are aware, DLM Technologies Ltd., is expanding into the European market. We would like the first facility to be operational by the end of next year. ---**9**---, we need experienced workers to relocate in order to assist with the training of local staff.

---**10**--- must have a minimum of five years of work experience in the automotive parts manufacturing industry. which means applicants need to have been with DLM for five years.

The first step in the process will be to apply through the Human Resources department, then interviews will be conducted based on results of application reviews.

Relocation ---**11**--- as early as January, but the exact departure date is negotiable.

---**12**---.

Jim Roberts
General Manager

## Lesson6 パート6攻略のための16問 236-237

9. (A) Meanwhile
   (B) Therefore
   (C) Nonetheless
   (D) Otherwise

10. (A) Recipients
    (B) Supervisors
    (C) Applications
    (D) Candidates

11. (A) started
    (B) has started
    (C) will start
    (D) starts

12. (A) Refreshments will be served in the lobby after the final presentation.
    (B) The names of finalists will be announced immediately after the program.
    (C) Further questions can be directed to Karen Collins in Human Resources.
    (D) Please notify your supervisor if you are unable to attend the meeting.

---

### 単 語 の 意 味

- **aware** 気づいている、承知している ■ **expand** 拡大する、広がる
- **facility** 施設、設備 ■ **operational** 使用可能な、運転可能な
- **experienced worker** 経験豊富な社員 ■ **relocate** 転勤する
- **automotive** 自動車の ■ **process** 過程、方法、手順
- **apply** 応募する、申し込む ■ **based on ~** ~に基づいて ■ **review** 審査、精査
- **relocation** 配置転換、転勤 ■ **as early as ~** 早ければ~に、早くも~に
- **negotiable** 交渉可能な、交渉の余地がある ■ **refreshment** 軽食、軽い飲食物
- **immediately after ~** ~の直後に、~のすぐ後に
- **direct** ~に向ける、~に向けて言う ■ **notify** ~に通知する、知らせる
- **supervisor** 上司、監督者

# 【例文 3 _ 日本語訳】

問題 9 から 12 は次のお知らせに関するものです。

**転勤希望者募集**

ご存知のように、DLM テクノロジー社はヨーロッパへと市場を拡大させようとしています。来年末までには第一の生産施設の運用を開始したいと考えています。そのため、現地スタッフの研修補佐業務を行なう経験豊富な人材が必要です。

志願者は自動車部品製造業界において最低 5 年の勤務経験を有していなければなりません。

選考過程の第一段階は人事部を通して応募していただくことで、その後、応募書類審査の結果に基づき、面接が行なわれます。

配置転換は早ければ 1 月にも開始されますが、具体的な出発日については交渉可能です。

さらにご質問があれば、人事部のカレン・コリンズにお尋ねください。

ジム・ロバーツ
総務部部長

# 第9問    答え＆解説

(A) Meanwhile
(B) Therefore
(C) Nonetheless
(D) Otherwise

### 答え (B) Therefore

### 解説

**適切な意味の副詞を選ぶ問題**です。

選択肢には接続詞の働きをする副詞が並んでいます。空欄前の2文と空欄後の1文を読んで、それらをつなげるにはどの副詞を入れればよいかを考えます。

空欄前の2文で「ご存知のように、DLMテクノロジー社はヨーロッパへと市場を拡大させようとしています。来年末までには第一の生産施設の運用を開始したいと考えています」と、空欄後で「現地スタッフの研修補佐業務を行なう経験豊富な人材が必要です」と言っているので、これらをつなげて文意が通るのは(B)のTherefore「したがって、そのために」です。(A) Meanwhile「その間に」、(C) Nontheless「それにもかかわらず」、(D) Otherwise「さもなければ」では文意が通りません

# 第10問

## 答え & 解説

(A) Recipients
(B) Supervisors
(C) Applications
(D) Candidates

### 答え (D) Candidates

### 解説

**語彙問題**です。

第2段落の文頭が空欄になっているので、第1段落の内容を把握しなければなりません。第1段落では「DLMテクノロジー社の、ヨーロッパへの事業拡大に伴い、研修補佐業務を行なう人材を募集する」と言っています。また、空欄を含む文ではその応募条件を示しているので、正解は(D)のCandidate「志願者、候補者」だとわかります。(A) Recipients「受取人」、(B) Supervisors「監督者」、(C) Applications「申込書」では文意が通りません。

# 第11問　　答え & 解説

(A) started
(B) has started
(C) will start
(D) starts

**答え** (C) will start

**解説**

**時制の問題**です。
問題文は社内で転勤希望者を募集している文章です。第1段落で「新しい工場が来年末までに稼動し、その工場への転勤希望者を募集している」と言っています。ここから、空欄を含む文の主語 Relocation「転勤」は未来のことだとわかるので、未来形である (C) の will start が正解です。

# 第12問

## 答え & 解説

(A) Refreshments will be served in the lobby after the final presentation.

最終プレゼンテーションの後、ロビーで軽食が出されます。

(B) The names of finalists will be announced immediately after the program.

最終候補者名は同プログラム終了直後に発表されます。

(C) Further questions can be directed to Karen Collins in Human Resources.

さらにご質問があれば、人事部のカレン・コリンズにお尋ねください。

(D) Please notify your supervisor if you are unable to attend the meeting.

この会議に出席できない場合には、直属の上司にその旨お伝えください。

---

**答え** (C) Further questions can be directed to Karen Collins in Human Resources.

**解説**

**文挿入問題**です。

適切な1文を入れる新タイプの問題です。

この種の問題を解くときは、意味を理解しながら英文を冒頭から読み進める必要があります。社内で転勤希望者を募集している文章で、転勤希望者の募集理由、応募資格、選考過程、配置転換開始時期と第4段落までで必要なことはすべて説明されています。

それに続く最後の1文としては、(C) の Further questions can be directed to Karen Collins in Human Resources. が適切です。こうした「質問があれば~に連絡を」という文は、ビジネス関連の英文の締めに使われる決まった言い方です。

## 【例文 4】 → 日本語訳は P.246 に

**Questions 13 through 16 refer to the following article.**

**Local News**
**Monday, April 15**

On Wednesday, Carson City officials approved the proposal to widen Main Street. The decision was welcomed by residents and business owners alike. ---**13**---.

"This had been debated for a long time, and local people finally got what they asked for," said Mayor David Forsberg.

---**14**--- months of debate, the city was able to obtain the funding through local taxation and a generous grant from the state government.

"We know that this is the will of the people and that this is a way to improve traffic flow in the downtown area, ---**15**--- attract shoppers from surrounding areas," commented Chief Engineer, Ray Wallis.

People can expect some disruption when driving in the downtown area while work ---**16**---, but city council has been enthusiastically praised for its long-term vision.

**13.** (A) Local residents were not happy with the new regulation.
(B) City officials voted unanimously in favor of the plan.
(C) Building inspectors will be busy over the next few months.
(D) A discussion will be needed to decide if permission can be given.

**14.** (A) During
(B) Prior to
(C) After
(D) By

**15.** (A) as long as
(B) as well as
(C) instead of
(D) in order to

**16.** (A) is to be done
(B) is doing
(C) to be done
(D) is being done

---

### 単 語 の 意 味

- **official** 当局者  ■ **approve** 〜を承認する、認定する
- **proposal** 提案(書)、企画案  ■ **widen** 〜を広くする、拡大する
- **resident** 居住者、在住者  ■ **alike** 同様に、等しく
- **vote** (投票で)決定する  ■ **unanimously** 満場一致で
- **in favor of 〜** 〜に賛成して  ■ **inspector** 検査官、調査官
- **permission** 許可、認可  ■ **finally** ついに、やっと、最終的に
- **obtain** 〜を得る、取得する、手に入れる  ■ **funding** 財源、資金調達
- **grant** 補助金、助成金  ■ **traffic flow** 交通の流れ
- **downtown area** 繁華街、(都市の)中心街
- **surrounding area** 周辺地域、周囲  ■ **disruption** 混乱
- **enthusiastically** 熱心に、熱狂して  ■ **praise** 〜を褒める、賞賛する

## 【例文 4 _ 日本語訳】

問題 13 から 16 は次の記事に関するものです。

**ローカルニュース**
**4月15日（月曜日）**

水曜日、カーソン市当局者は大通り拡張の企画案を承認した。この決定は住民、商店経営者の双方から好意的に受け取られた。市当局者はこの計画に満場一致で賛成した。

「この件は長期間議論されていたもので、地元住民はようやく求めていたものを手にしました」とデイビッド・フォースバーグ市長は述べた。

何カ月にも及ぶ議論の結果、同市は地方税を財源とする基金と州政府からの多額の補助金を得ることができた。

「これは地元民の意思で、ダウンタウン地区の交通の流れを改善し、同時に近隣地域から買い物客を呼び寄せる方法であるということがわかっています」とチーフエンジニアであるレイ・ワリス氏はコメントを発表した。

工事が行なわれている期間は、ダウンタウン地区を車で走る際にはある程度の混乱が予想されるが、市議会に対しては長期展望があるとして積極的に評価する声が上がっている。

# 第13問

Lesson6 パート6攻略のための16問 246-247

## 答え & 解説

(A) Local residents were not happy with the new regulation.

地元住民はその新しい規制に納得がいかなかった。

(B) City officials voted unanimously in favor of the plan.

市当局者はこの計画に満場一致で賛成した。

(C) Building inspectors will be busy over the next few months.

建築物検査官は今後数カ月間忙しくなるであろう。

(D) A discussion will be needed to decide if permission can be given.

許可が出されるかどうかを決定するには議論が必要となるだろう。

---

**答え** (B) City officials voted unanimously in favor of the plan.

**解説**

**文挿入問題**です。適切な1文を入れる新タイプの問題です。文章の前半に空欄があると、後半に空欄がある場合に比べ、少し難しくなります。空欄前だけでなく、空欄後の英文も読んでから答えたほうが賢明です。

冒頭の2文で「水曜日、カーソン市当局者は大通り拡張の企画案を承認した。この決定は住民、商店経営者の双方から好意的に受け取られた」と言っているので、正解は (B) か (C) に絞られます。この記事は道路拡張工事に関するもので、ビル建設や建築物の検査については触れられていないため、(C) は不適切です。企画案が承認されたときの状況を表わしている (B) の City officials voted unanimously in favor of the plan. が正解です。

# 第14問

答え & 解説

(A) During
(B) Prior to
(C) After
(D) By

### 答え (C) After

### 解説

**前置詞の問題**です。

選択肢には前置詞と前置詞の働きをする群前置詞が並んでいます。空欄を含む英文では、「何カ月にも及ぶ議論〜、同市は地方税を財源とする基金と州政府からの多額の補助金を得ることができた」と言っているので、「〜」部分に入れて意味がつながる前置詞は (C) の After「〜の後で、〜の後に」だけです。なお、(D) の By「〜によって」は手段を表わすため、ここでは不適切です。(A) During「〜の間ずっと」、(B) Prior to「〜より前に」では文意が通りません。

# 第15問 答え＆解説

(A) as long as
(B) as well as
(C) instead of
(D) in order to

**答え** (B) as well as

**解説**

**熟語の問題**です。

空欄後が attract と動詞の原形になっています。
(A) の as long as「〜する限り」、(C) の instead of「〜の代わりに」の後ろには動詞の原形は続きません。(D) の in order to「〜するために」の前にコンマを置くことは基本的にありませんし、in order to では文意が通りません。
A as well as B で「B と同様に A も、A および B」という意味になります。この英文では、A にあたるのが、improve traffic flow in the downtown area で、B にあたるのが attract shoppers from surrounding areas です。なお、A と B には並列の関係であればどんな品詞も入るので、このように as well as のあとに動詞の原形が続くこともあります。

# 第16問

答え & 解説

(A) is to be done
(B) is doing
(C) to be done
(D) is being done

### 答え (D) is being done

### 解説

**態を問う問題**です。

接続詞 while に続く節の主語は work「作業、工事」です。
選択肢には、動詞 do のさまざまな形が並んでいます。
主語が work で動詞が do なので「工事が行なわれている間」と動詞部分は受動態にしなければならないとわかります。受動態は (D) の is being done しかありません。ここでは現在進行形の受動態になっています。

(A) の is to be done も to 以下が受動態になっていますが、be to は「〜する予定だ」、「〜すべきだ」、「〜できる」と、予定、義務、可能を表わすので、while とはつながりません。
この問題のように、「受動態の問題」で正解が進行形になっているというタイプの問題はパート5でも出題されています。動詞の形を問う問題では消去法が有効です。

**TOEIC® LISTENING AND READING TEST**

Lesson

# 7

# 受験生体験記

# 6 人

モチベーションアップ！
受験生学習体験1人目

PEOPLE
1

# 800点台を取って、夢のロンドンへ!

Tさん・カード会社勤務(20代・女性)

2015年6〜7月の教室に参加終了後の7月、TOEIC公式テストで705点（L385、R320）を取ることができました。過去のスコアは450点です。5年前に会社の入社研修時に受けた企業実施のIPテストでした。

昨年、会社が公募していた海外トレーニー制度に「海外に興味があるから」という理由だけで申し込みました。最終選考まで残ったものの、実際に海外トレーニーに選ばれることはありませんでした。人事担当者には、「意気込みとポテンシャルは感じるが、TOEIC450点の人材をどこの国に行かせればいいのかわからない」と言われました。その通りだと思いました。なんの努力もせずに受けた自分がすごく情けないと感じ、翌年をラストチャンスとし1年間必死に勉強をしてみようと思ったのです。

2015年4月から、本格的に勉強をはじめようと思い、独学で単語帳やテキストを購入してみたのですが、そ

## PEOPLE 1

　もそも TOEIC を受けた経験が一度しかなかったため要領がつかめず苦戦していました。そんな時にたまたま、すみれ塾の話を兄の友人から聞き、参加してみようと思いました。授業に参加してすぐの頃は、「パート2は……」などと言われても意味がさっぱりわからず、何のことかを理解するのが大変でした。

　授業では、何度も重要なところを強調して教えてくださったので、そのアドバイスを信じてひたすらくり返し練習しました。

　毎日、会社の食堂で朝1時間、通勤の片道40分は必ず英語に触れ、土日も2〜3時間は英語のための時間を押さえるようにしていました。もともと大学受験の時に文法等は必死に勉強していたので、一度読み慣れてくるとパート5などは間違える問題が減り、英文を読めるようになってくるのを実感しました。

　私は、目標を700点以上としていたのでこの点数はすぐに突破できたのですが、引き続き勉強をしてさらに800点近くまで伸ばしたい、とさらなる目標を持ちました。

　その翌月の9月の公開テストで、次の目標としていた800点に到達し、無事 TOEIC の学習を終える事ができました。正直自分でもここまで伸びるとは思っていなかったので信じられなかったですが、すみれ塾で先生から習ったことを信じてやり続けたことが、一番

の近道だったのだと改めて思いました。去年トレーニーに落ちたからこそ、社会人になってから、初めて英語と向き合うことができたのです。

　半年後、会社のトレーニーの公募に再挑戦しました。その結果、2016年5月末よりロンドンへ来ています。約1年間の派遣になります。
　道のりは決して楽なものではありませんでしたが、教えていただいた通りの勉強方法のおかげでこのような結果となり、本当に感謝しています。

　努力して結果を出せたことは、自分の自信にも繋がりましたし、次の目標に向かってチャレンジするきっかけとなりました。トレーニーに落ちた時はほんとうに悔しかったですが、どんな結果にも意味があるんだ、と今になって思います。自分の英語力では、TOEICで高得点なんか取れるわけがないと思っていた私に、チャンスを与えてくださった先生の授業には本当に感謝しています。

PEOPLE 2

モチベーションアップ！
受験生学習体験2人目

## 40代。
## 300点台からのスタート!

Sさん・製薬会社勤務(40代・男性)

中村先生の授業を受けるまでは、私は10年ほどTOEICテストを受けておらず、10年前に受けた試験も何の対策もせず臨んだため、点数は300点台でした。記憶にも残っていない点数です。

英語からは逃げ続けた社会人生活だったのですが、ゴールデンウィークに先生の書籍『6万人のビジネスマンを教えてわかった 時間がない人ほど上達する英語勉強法』を拝読して感銘を受けて、「すみれ塾に通ってみよう！」と一念発起し、2016年6月開始のクラスを受講させていただきました。授業の最初のほうは、受験経験があってないようなものでしたので、恥ずかしながら、「パート5が〜」とか「パート7が〜」とか聞いてもピンとこず、パート6の問題に初めて取り組んだのも教室で講義があったその日です。他の受講生に比べて、レベルの低い受講生なのだろうなと思いながら当時は通っておりました。すみれ塾では受講生の皆さんが真剣に取り組んでおられ、そのことも自身の英

語学習にたいへん刺激になりました。私は、とりあえず、先生の教えてくださる勉強方法を忠実に守ることを意識して、学習を続けました。先生から教えていただいたこと以外は、何もしておりません。

　8月に2カ月間の教室も終了し、勉強は先生から教えていただいたことだけ続け、2016年9月に受験した公開テストの点数がL 360点、R 385点の計745点でした。正直何かの間違いかと思いましたが、2016年10月の公開テストでも、L 410点、R 375点の785点を取ることができました。9月の結果はまぐれではなかったと、改めて喜びを感じております。私の所属する部署でも、40歳を超えている私がいきなり高得点をたたき出したことが知れ渡り、ちょっとした騒ぎになっています。若い社員の刺激にもなったようで、上司として、英語に取り組む姿勢を示すことができました。

　私が勤務する製薬会社では、職務によっては必要なTOEICでの最低のハードルが730点、そこからは800点以上を目指すことが奨励されると共に、実務レベルの英語力が求められます。ただ、785点が取れて、このまま先生に教えていただいた勉強方法を続ければ800点を取れることがイメージできるようになりました。11月の公開テストで頑張って800点を出し、ビジネスの英会話を学べるスクールに通いたいと考えています。

## PEOPLE 3

モチベーションアップ！
受験生学習体験3人目

# 「時間のある私」
# が、できなくてどうする!?

保健師・Tさん（30代・女性）

　保健師の前は看護師をしていました。自分の英語勉強にケジメをつけたかったことと、転職を考える中で、公務員→民間へのハードルを超えるためにも、有無を言わさない点数が必要だと考え、2016年4月~5月開催の教室に参加しました。

　先日、6月に受けた公開テスト（TOEIC大幅改変後のテスト）の結果が分かりました。730点（L370、R360）でした。5年前に受けた時は、305点（L175、R130）でした。305点からスタートの私が、ここまでの点数を取れたのは、先生のおかげです。正直無謀かとは思っていましたが、先生のおっしゃったことを、毎日守ってコツコツと続けたことが、結果として現れました。

　私が受験までの3カ月間に行なったことは、
①先生の単語本『TOEICテスト英単語出るのはこれ！』を、すみれ塾申し込み後から2週間で暗記すること
②化粧、ごはんの時間を使ってPART2の練習

③通勤電車の中でPART3&4の先読みの練習
④教室受講後は翌日に必ず復習
⑤『千本ノック！』シリーズを最低３冊こなす
⑥すみれ塾を休まずに最前列で受ける（何よりコレがいちばん大事！）
の６つです。

　また、すみれ塾で補講として開催している、ベテランの予備校の先生による「文法セミナー」と、「構文読解＆速読セミナー」に参加したことも本当に大きかったです。あのセミナーのおかげで、PART7を読むコツが摑め、文法の基礎を理解することができました。また、授業中に先生がお話ししてくださった、元教室生の方のお話が、辛い時の励みになりました。おかげで800点も夢ではないと思えるようになりました。

　英語を勉強しなければ、しなければと思いながら、三日坊主で自分に甘い私は、だらだらと行動もせずに生活していました。そんな私が変わったのは、2016年の３月に、書店で先生の本『６万人のビジネスマンを教えてわかった　時間がない人ほど上達する英語勉強法』をたまたま見つけて買ったことが始まりでした。読み終えて思ったことは、「それなら時間がある私は、もっと上がるんじゃないか？」ということ。読んでいる時は「ふーん」程度にしか思っていませんでした。（TOEICから５年以上離れていたため、よく分からずに読んでいましたし、自分は高得点を取るのなんて無理だろう

PEOPLE 3

と思っていました)。しかし読み進めるうちに「先生の教室に通いたい」と思うようになったのです。でも、305点の私はついていけないし、門前払いだろうと思っていたところ、395点から教室参加後に800点を出した方の事例を『千本ノック!』シリーズの体験談コラムで見かけ、300点台の私にも、望みがあるかもしれない!と、即申し込みの連絡をしました。

「すみれ塾は厳しい、脱落者もいる」とネットの書き込みを見て、何度もキャンセルしようかと思いましたが、とりあえず全部参加してみて、「ダメなら私はそこまで、諦める!」と、気持ちを奮い起こして初日に臨みました。

初日は、最前列に恐る恐る座り、先生の迫力に圧倒され、点数が一番低くて、TOEICを知らない私が最前列に座ってよいのか、などと思いましたが、今となっては初日から最前列に座ったことが、私を変えるきっかけになったと思います。勇気を出して座って、ほんとうに良かったです! クラス参加後は毎回、もう無理!といつも泣きながら帰ってましたが、私よりももっと厳しい状況で参加している人がたくさんいることと、なんといっても大枚をはたいて参加したので、「意地でもついていくし、結果を出す!」という気持ちで乗り越えました。2016年5月にテストが大幅に改変されて難しくなったから、と諦めずに先生の言うことを守り、信じてついていきました。先生には、感謝の気持ちでいっぱいです。すみれ塾に通って、本当によかったです。

（後日談）
Tさんは、9月の公開テストで780点を取得し、当初の目標の転職ではなく、学生時代からの夢であった大学院留学のためにTOEFLの勉強へとシフトしたそうです。瞬間発話の訓練で定評のある学校に10月から通学開始。TOEICで結果を出して、自信がついたおかげで、もっと英語を使えるようになりたい！　と貪欲さが出たそうで、諦めていた米国大学院留学への夢を叶えるために奮闘中だそうです。

PEOPLE 4

モチベーションアップ！
受験生学習体験4人目

## 2カ月で200点UP!
## 転職活動も希望通りに。

ゲーム会社勤務・Hさん（30代・女性）

　2016年4月開始の教室に参加しました。6月実施のTOEIC公開テスト（TOEIC大幅改変後のテスト）の結果が705点、7月に明治大学で受けたIPテストの結果が、735点でした。入塾する前は、550点だったので、ここまでスコアが上がったことに驚いています。

　すみれ塾に通おうとしたのは、当時転職を考えていたことと、婚約者のすすめがきっかけです。彼も元すみれ塾の塾生であり、200点以上のTOEICスコアアップを果たしています。

　すみれ塾に通い始めてからは、生活スタイルを変えました。
　まず、授業を受けた翌日には、講義の内容を丁寧に復習。そして、通勤時にはパート2〜4の練習、朝会社に着いたら『千本ノック！』、昼休みは『千本ノック！』かパート7、自宅に戻ってからは、リスニングかパート7を時間を計りながら解きました。就寝前には、パー

ト2をシャドーイングしました。『千本ノック！』は、3〜4冊は解きました。週末には、テスト形式で、通しで解くように心がけました。ここまでは先生がクラスで教えてくださった方法です。

リスニングは解いていくうちに、初見の問題が少なくなってきたので、キムデギュン氏の『メガ模試』も解きました。リスニングもリーディングと同じで、ガシガシ解いていると、TOEICの癖や傾向がなんとなく見えてきた気がします。また、時間を計る際に、1分毎にアラームを鳴らしてくれるアプリを使いました。

努力した結果、目標のスコア超えを達成。そして、転職活動においてはTOEICが高く評価され、海外拠点を複数持つ企業で、経理職兼海外拠点担当として採用されました。
英語を使用する業務に就くことはかねてからの希望でしたので、先生には本当に感謝しております。

当初予定では、700点を超えることが自分の中での目標でしたが、人間、欲が出るもので、次は、800点超えを目指して、勉強を継続していきたいと思います。
先生の言葉にはいつもいろいろと励まされました。「勉強は苦しい。だから短期集中で結果を出しなさい」という叱咤激励のもと、この長く苦しい道からようやく抜け出せたのだと思います。

PEOPLE 5

モチベーションアップ！
受験生学習体験5人目

## 1カ月で目標の800点越え!
## コツは毎日続けること

Iさん・製薬会社勤務（30代・女性）

2016年6月開始の教室に参加しました。参加理由は、会社の人事考課に必要な年間目標の項目の1つがTOEICの点数で、数値化して示す必要があったからです。教室参加前の点数は650点（L300、R350）でした。

教室開始2週間後に受けた改変後の新しい公開テストで750点（L360、R390）、7月に受けた企業実施のIPテストで805点（L360、R445）を達成できました。
とりあえず800点以上取りたかったので、目標点は1カ月で達成したことになります。ですが、新形式の公開テストでも800点以上を取りたいと思っています。

IPテストで805点を出すまでの勉強時間は、毎日通勤電車の中で30分、それも往路のみです。帰宅後、自宅で1時間、週末は3時間〜6時間かけました。

とりあえず、全パートに必要な単語を覚えました。気分転換に海外ドラマ『フレンズ』のDVDを観ました。

各パートごとに具体的に書くと、特に力を入れた点は以下の通りです。

**パート1**…ひっかけの単語に惑わされないよう、単語習得
**パート2**…消去法のテクニックをマスター
**パート3 & 4**…先読みのリズムを崩さないように特訓。深読みを要する問いを迷わず捨てる潔さを追求
**パート5**…初回授業で配布された、文法重要事項を出る順番にまとめたプリントを愛読
**パート6**…自然な英語の流れを習得するために、家で声を出して読む
**パート7**…長文に慣れるべく、とにかく英文を戻り読みしないで頭から読むように心がけながら問題を解き続けた

一番大変だったのは、毎日続けることでした。中村先生が夢の中に出てきた日には本当に驚きました。

今後、短期間で大幅な点数アップを目指す方にアドバイスがあるとすれば、トイッカーさん（TOEIC愛好者）でない限りは、TOEICはさっさと高得点を取り、次のステージ（自身のキャリア、ビジネスの現場で活きるスキルの向上）へ進むことが、学習時間の限られるビジネスパーソンには重要なことだと思います。これは中村先生もおっしゃってました。制約の多い状況だからこそ、出せる力（火事場の馬鹿力）があることを、

## PEOPLE 5

TOEIC学習を通して経験しました。自己研磨の時間確保のために生活リズムを整え、結果、仕事での作業効率アップをどうしたらいいか、考えて工夫するようにもなりました。

どうせ腹をくくるのなら、いっそ体育会系の部活に入ったと思って、勉強する環境（朝練、放課後練習、週末練習、練習試合、本試合）を自身に強いてみてはいかがでしょうか。やる気がある方なら、正しい方法で学習すれば結果は自ずとついてきます。私は中村先生の教室に通うことでちょっとした青春気分も味わえました。今後先生の教室に通おうと思っている方は一番前の席に座ることをおすすめします。臨場感たっぷりですので、気合が入り、次回教室までのモチベーション維持にもってこいです。

モチベーションアップ！
受験生学習体験6人目

PEOPLE
6

## 正社員採用の
## 決め手になった825点!

Mさん・金融機関勤務（30代・女性）

　教室には3度参加しました。初参加は2014年の8月です。それまでは500点台しか取ったことがなく、どうしたらスコアアップできるのか悩んでいました。すみれ塾に参加すると毎回先生からパワーをもらっているような気がして、長時間の授業も頑張ることができました。初めての参加で550点から730点にまで上がりました。2度目の参加が2015年で、ここで790点まで上がり、2016年1月からのクラスに3度目の参加。教室終了直後に実施された3月の公開テストで825点（L460、R365）を取ることができました。

　私の場合、550点で初めて教室に参加した時から825点を出すまでに1年半かかったことになります。

　平日は通勤の往復の電車内で主に勉強しました。通勤時間は片道1時間半です。往復共勉強にあてたため通勤時間だけで3時間勉強したことになります。また、お昼の休み時間は毎日15分勉強にあてました。休日は、

## PEOPLE 6

LとR 公式問題集1冊（2回分）を通しで解きました。

リスニングでは、パート3とパート4はとにかく先生のおっしゃる通りの方法で先読みの練習をくり返し、パート2は文頭から正確に聞き取れるように練習をくり返しました。リーディングでは、パート5は『千本ノック！』を何度もくり返したり、教室でいただいた大量のプリントの問題をくり返し確認しました。特に、文法に苦手意識があったので『千本ノック！』は移動中なども必ず目を通すようにしました。先生のクラスに初めて参加した頃は文法をあまり理解しておらず、パート5の問題を時間内に大量に解く授業が大変でした。しかし何度も『千本ノック！』等で練習をし続けていくと、どんどん解けるようになっていきました。

私は銀行のM&Aチームでアシスタントの仕事をしているのですが、TOEICのスコアを評価していただき、クロスボーダー案件の簡単な資料の和訳などを手伝う機会も増えてきました。

また今まで、契約社員として働いていたのですが、正社員試験に合格し、825点達成後の4月から採用が決まりました。社内には、まだそれほどTOEICの勉強をしている人もいないため、正社員採用の決め手になったのは、TOEICのスコアではないかと思います。

今後はビジネス英語を勉強して、強化していきたい

と考えています。中村先生のおかげで私の人生が変わりました。

# INDEX

[単語の意味]に出てくる重要単語・熟語類を
アルファベット順にならべました。
チェック欄も利用して、
学習のまとめ・単語の総整理などにお使いください。

## A

- [ ] a round of ~ ...... 179
- [ ] according to ~ ...... 95
- [ ] accounting department ...... 145
- [ ] acknowledge ...... 35
- [ ] acquire ...... 43
- [ ] add ...... 125,221
- [ ] additional ...... 113
- [ ] additionally ...... 229
- [ ] adjacent to ~ ...... 107
- [ ] advertising company ...... 91
- [ ] affordability ...... 221
- [ ] affordable ...... 39
- [ ] aggressive ...... 105
- [ ] agreement ...... 109
- [ ] ailing ...... 197
- [ ] alike ...... 245
- [ ] allot ...... 145
- [ ] allow ...... 85

- [ ] alternative … 221
- [ ] although … 121
- [ ] annual report … 181
- [ ] application … 81,85
- [ ] application form … 129
- [ ] apply … 237
- [ ] appoint … 193
- [ ] approval … 131
- [ ] approve … 245
- [ ] area … 141
- [ ] arrival time … 85
- [ ] article … 109
- [ ] as early as … 237
- [ ] as to ~ … 89
- [ ] as yet … 101
- [ ] author … 109
- [ ] authorize … 109
- [ ] automobile … 67
- [ ] automotive … 237
- [ ] award … 89,153
- [ ] aware … 237

## B

- [ ] background … 155
- [ ] based on ~ … 237

- [ ] be eligible for ~ … 229
- [ ] be prepared for … 31
- [ ] behavior … 147
- [ ] behind schedule … 49
- [ ] bid … 89
- [ ] board of directors … 23,161
- [ ] breakdown … 49

## C

- [ ] candidate … 111,155
- [ ] car dealer … 83
- [ ] cater … 221
- [ ] certainly … 201
- [ ] chemical … 209
- [ ] chemistry … 63
- [ ] chief financial officer … 95
- [ ] cite … 159
- [ ] clinical trial … 111,131
- [ ] commit … 15
- [ ] commodity price … 77
- [ ] compact car … 67
- [ ] competition … 159
- [ ] competitor … 119
- [ ] complain … 61
- [ ] complete … 33,161,201

- [ ] completely ... 21
- [ ] comprehensive ... 111
- [ ] confident ... 229
- [ ] confirmation ... 25
- [ ] consecutive ... 169
- [ ] consider ... 11,123
- [ ] considerably ... 65
- [ ] consideration ... 175
- [ ] consumer product ... 27
- [ ] contract ... 15,89,189,201
- [ ] contribute ... 221
- [ ] convenient ... 151,229
- [ ] corporate tax ... 133
- [ ] current ... 201
- [ ] currently ... 65
- [ ] customer ... 61,87,221

# D

- [ ] data leak ... 13
- [ ] dealer ... 127
- [ ] decade ... 69,119
- [ ] decision ... 43
- [ ] decline in ~ ... 105
- [ ] decline in sales ... 59
- [ ] delay ... 169

- [ ] demand ... 75,77,125
- [ ] desire ... 163
- [ ] detail(s) ... 229
- [ ] direct ... 237
- [ ] directly ... 19
- [ ] disruption ... 245
- [ ] domestic economy ... 45,141
- [ ] donate ... 205
- [ ] donation ... 113
- [ ] downtown area ... 245
- [ ] downturn ... 187
- [ ] drastically ... 165
- [ ] due to ~ ... 193

# E

- [ ] effect ... 35
- [ ] effective ... 91
- [ ] efficient ... 143
- [ ] electric car ... 91
- [ ] electronics company ... 53
- [ ] eligible ... 183
- [ ] emerge ... 155
- [ ] emergency ... 107
- [ ] emerging market ... 97
- [ ] employ ... 221

- [ ] employee .......... 139,179
- [ ] employment .......... 59
- [ ] empty .......... 205
- [ ] enclosed .......... 229
- [ ] endorse .......... 161
- [ ] engineer .......... 175
- [ ] ensure .......... 33
- [ ] enthusiastically .......... 245
- [ ] entire .......... 129
- [ ] environmental .......... 35,157
- [ ] equipment .......... 49,145,211
- [ ] especially .......... 221
- [ ] establish .......... 217
- [ ] evaluate .......... 89
- [ ] evaluation .......... 115
- [ ] exceed .......... 55,87
- [ ] executive .......... 41,217
- [ ] expand .......... 127,191,237
- [ ] expansion .......... 97,123
- [ ] experienced worker .......... 237
- [ ] expert .......... 69
- [ ] expire .......... 81,229
- [ ] exploit .......... 101
- [ ] export .......... 73
- [ ] extension .......... 49
- [ ] extensively .......... 115

## F

- [ ] fabric .......... 209
- [ ] facility .......... 237
- [ ] factory .......... 23,147
- [ ] faculty .......... 63
- [ ] failure .......... 21
- [ ] favorable .......... 149
- [ ] feasibility .......... 43
- [ ] feel free to ~ .......... 229
- [ ] fill out .......... 129
- [ ] film .......... 169
- [ ] finally .......... 245
- [ ] fixed cost(s) .......... 29
- [ ] flawed .......... 185
- [ ] forecaster .......... 55
- [ ] fund .......... 113
- [ ] funding .......... 245

## G

- [ ] give way to ~ .......... 187
- [ ] goods .......... 15
- [ ] graduate .......... 59
- [ ] grand opening .......... 167

- [ ] grant .......... 63, 245
- [ ] growth rate .......... 55
- [ ] guarantee .......... 201
- [ ] gym .......... 121

# H

- [ ] harmful .......... 35
- [ ] head .......... 97
- [ ] headquarters .......... 31, 163, 211
- [ ] hire .......... 17, 197
- [ ] human resources manager .......... 183

# I

- [ ] immediately .......... 229
- [ ] immediately after ~ .......... 237
- [ ] improve .......... 11, 99, 137
- [ ] in business .......... 83
- [ ] in favor of ~ .......... 245
- [ ] in order to ~ .......... 13, 131
- [ ] in the event that ~ .......... 221
- [ ] in-house .......... 13
- [ ] include .......... 97
- [ ] increased .......... 23, 29
- [ ] indicate .......... 139
- [ ] individual .......... 181
- [ ] individual income .......... 27
- [ ] inefficient .......... 207
- [ ] inflationary .......... 27
- [ ] inform .......... 229
- [ ] inspector .......... 245
- [ ] institutional investor .......... 181
- [ ] insufficient .......... 77
- [ ] investigate .......... 43
- [ ] invite .......... 87
- [ ] issue .......... 229
- [ ] item .......... 173, 205

# L

- [ ] laboratory .......... 175
- [ ] language .......... 17
- [ ] largely .......... 113
- [ ] launch .......... 149, 151
- [ ] lay off .......... 103
- [ ] less than ~ .......... 79
- [ ] locate .......... 213
- [ ] luxury .......... 167
- [ ] luxury car .......... 67

# M

- [ ] maintenance .................. 211
- [ ] make a decision .................. 89
- [ ] make sure to ~ .................. 229
- [ ] manufacturer .................. 191,209
- [ ] manufacturing facility .................. 11
- [ ] manufacturing operation .................. 203
- [ ] market .................. 69,71,191
- [ ] marketing research .................. 199
- [ ] medical checkup .................. 111
- [ ] merchandise .................. 19,221
- [ ] midnight shift .................. 125
- [ ] minimal .................. 173
- [ ] mobile phone .................. 61
- [ ] morale .................. 179
- [ ] move off the shelf .................. 57
- [ ] movement .................. 47

# N

- [ ] nearby .................. 221
- [ ] negotiable .................. 237
- [ ] negotiation .................. 189
- [ ] neighborhood .................. 229
- [ ] new hire .................. 183
- [ ] not necessarily .................. 29
- [ ] noticeably .................. 149
- [ ] notify .................. 221,237
- [ ] numerous .................. 35

# O

- [ ] obtain .................. 129,131,245
- [ ] official .................. 245
- [ ] operation .................. 97,127
- [ ] operational .................. 237
- [ ] opt to ~ .................. 229
- [ ] optimistic .................. 55
- [ ] option .................. 151
- [ ] outdated .................. 145
- [ ] overpriced .................. 207
- [ ] own .................. 83

# P

- [ ] paid vacation .................. 183
- [ ] part .................. 73,185
- [ ] passenger .................. 107
- [ ] pay raise .................. 217

- ☐ payment .......... 195
- ☐ permission .......... 245
- ☐ personnel cost(s) .......... 29
- ☐ petroleum company .......... 189
- ☐ photocopier .......... 139
- ☐ place an order .......... 25
- ☐ planning committee .......... 161
- ☐ plant .......... 211
- ☐ poll .......... 207
- ☐ pollution .......... 157
- ☐ portable .......... 53
- ☐ potential .......... 117
- ☐ praise .......... 245
- ☐ premise .......... 21
- ☐ presenter .......... 33
- ☐ presidential election .......... 155
- ☐ primary .......... 159
- ☐ procedure .......... 143,165
- ☐ process .......... 165,237
- ☐ produce .......... 73
- ☐ product .......... 71,125,203
- ☐ production .......... 37,143
- ☐ production capacity .......... 137
- ☐ production line .......... 125
- ☐ profit .......... 29,41,141,191
- ☐ prohibit .......... 147
- ☐ promote .......... 205
- ☐ proposal .......... 161,245
- ☐ provide .......... 39
- ☐ proxy vote .......... 79
- ☐ public transportation .......... 39
- ☐ purchase .......... 31,87

## Q

- ☐ qualified personnel .......... 171
- ☐ quality .......... 203
- ☐ quota .......... 37

## R

- ☐ raise funds .......... 123
- ☐ rapid .......... 123
- ☐ reasonably-priced .......... 151
- ☐ recession .......... 187
- ☐ recommend .......... 209
- ☐ reduce .......... 13,133,171
- ☐ refreshment .......... 237
- ☐ regarding .......... 163
- ☐ regulation(s) .......... 131,147
- ☐ reimburse .......... 215
- ☐ relevant .......... 215

- [ ] relocate ... 237
- [ ] relocation ... 237
- [ ] remain ... 99
- [ ] remind ... 229
- [ ] remove ... 209
- [ ] renew ... 189
- [ ] renewal ... 229
- [ ] repair ... 185, 211
- [ ] representative ... 71
- [ ] reputable ... 143
- [ ] research fund ... 63
- [ ] resident ... 205, 245
- [ ] resource ... 101
- [ ] respondent ... 207
- [ ] retire ... 157
- [ ] review ... 115, 237
- [ ] run out ... 221

# S

- [ ] sales representative ... 153
- [ ] sales revenue ... 153
- [ ] sales volume ... 99
- [ ] satisfaction ... 41
- [ ] seasonal item ... 57
- [ ] secure line ... 13
- [ ] senior student ... 221
- [ ] set a standard ... 119
- [ ] set up ... 13
- [ ] shipping company ... 189
- [ ] shopper ... 25
- [ ] shortage ... 65
- [ ] significant ... 69
- [ ] site ... 31, 151
- [ ] so that ~ ... 57, 165
- [ ] specialized ... 221
- [ ] spiral ... 29
- [ ] staff ... 171
- [ ] stain ... 209
- [ ] state ... 109
- [ ] steadily ... 45
- [ ] steady ... 99
- [ ] stock ... 221
- [ ] stock market ... 187
- [ ] stockholder ... 79, 181
- [ ] strategy ... 105
- [ ] stringent ... 131
- [ ] submit ... 215
- [ ] submit to ~ ... 111
- [ ] subscriber ... 105
- [ ] subscription ... 229
- [ ] subsidiary ... 95

- ☐ suffer ... 197
- ☐ supervisor ... 237
- ☐ supplier ... 221
- ☐ supply ... 75, 77
- ☐ surrounding area ... 245
- ☐ suspend ... 59

## T

- ☐ target ... 159
- ☐ tenant ... 21
- ☐ the coming year ... 45
- ☐ the management ... 179
- ☐ through ... 113
- ☐ throughout ... 39, 97, 123, 127
- ☐ traditional ... 221
- ☐ traffic flow ... 245
- ☐ transfer ... 191
- ☐ transportation expenses ... 215
- ☐ turn around ... 197

## U

- ☐ unanimously ... 245
- ☐ upcoming ... 187

- ☐ utilize ... 47, 87

## V

- ☐ venture capitalist ... 117
- ☐ vote ... 245

## W

- ☐ warning ... 35, 103
- ☐ washing machine ... 175
- ☐ well-respected ... 83
- ☐ wholesale dealer ... 185
- ☐ widen ... 245
- ☐ withdraw ... 173
- ☐ worldwide ... 65
- ☐ written permission ... 109

# 音声版
# ダウンロードについて

ネイティブスピーカーが本書を1冊丸ごと朗読した、音声ファイルをご用意しました。リスニング対策に最適です。パソコンやMP3プレーヤーで繰り返しお聞きになって、「英語の耳」を鍛えてください。音声ファイルは、オーディオブック配信サイトからダウンロードすることができます。詳細につきましては、祥伝社のホームページでご確認ください。

http://www.shodensha.co.jp/
なお、配信サイトの都合でファイルのダウンロードサービスが予告なく中止される場合がありますので、ご了承ください。

ナレーション　マーク・トフルマイア
マクマスター大学経済学部卒業。来日23年。企業で英語を教える傍ら、15年間、東京大学で英語を教えたり、教授の論文作成の手伝いをする。

祥伝社黄金文庫

---

TOEIC® LISTENING AND READING TEST 千本ノック！
新形式対策　絶対落とせない鉄板問題編

平成28年12月20日　初版第1刷発行

著　者　中村澄子
発行者　辻　浩明
発行所　祥伝社

〒101-8701
東京都千代田区神田神保町3-3
電話　03（3265）2084（編集部）
電話　03（3265）2081（販売部）
電話　03（3265）3622（業務部）
http://www.shodensha.co.jp/

印刷所　萩原印刷
製本所　ナショナル製本

本書の無断複写は著作権法上での例外を除き禁じられています。また、代行業者など購入者以外の第三者による電子データ化及び電子書籍化は、たとえ個人や家庭内での利用でも著作権法違反です。
造本には十分注意しておりますが、万一、落丁・乱丁などの不良品がありましたら、「業務部」あてにお送り下さい。送料小社負担にてお取り替えいたします。ただし、古書店で購入されたものについてはお取り替え出来ません。

Printed in Japan　ⓒ 2016, Sumiko Nakamura　ISBN978-4-396-31702-7 C0182